だいわ文庫

いつもごきげんで
感情の整理がうまい人

鹿島しのぶ

大和書房

はじめに
感情をコントロールできれば人生もコントロールできる

人は感情の生き物といわれています。喜んだり、怒ったり、哀《かな》しんだり、楽しくなったり……。そう、文字通り喜怒哀楽《きどあいらく》があるのです。

ただ、この感情ほど厄介《やっかい》なものはありません。感情の赴《おもむ》くままに思わぬ行動に出て失敗してしまったり、感情に任せて発した一言により、人との関係を悪化させてしまったり……。多少なりとも、誰もが経験のあることではないでしょうか？　感情をコントロールできずに失敗してしまったことが。

でも、感情とうまくつきあうことができたら、どうでしょう？　物事がうまく運び、あなたの人生が明るく彩《いろど》り豊かなものになる。自分の力を存分に発揮することにより、人から頼りにされたり信頼されたりして、満たされた人生になっていく。

つまり、**幸せでごきげんな毎日を送れるようになる**。私は、そう信じています。

人は、感情と共に理性を持ち合わせています。相反する感情と理性。ですが、理性をもって感情をうまく整理することができたら、もっともっとラクになり、もっともっと楽しい人生を送れるような気がします。

感情に流されず、感情的になっていると思ったときほど、冷静に、事態を分析してから前へ進む。そんな感情を整理する技を、身につけてみませんか？

「感情的にならないなんてムリ！」、そう思っているあなた！　そんなことはありません。**練習しましょう。トレーニング次第なのです**。常に意識すること、普段から心がけることにより、少しずつでも変わっていけるはずです。

「自分の感情」は自分で決められる

例えば、怒りの感情。負の感情と思われていますが、エネルギーに変えることもできるのです。失敗したら落ち込むし、悔しいと思う。それならば、悔しい気持ちをバネに、糧《かて》にすればよいのです。プレッシャーを感じる？　「応援してくれているのだ」「自分ならできると思ってくれているのだ」「自分の成功を願ってくれているのだ」と思えばパワーに変えることができるのではないでしょうか。

私のメインの仕事である、結婚披露宴の司会。この仕事は、プレッシャーの連続です。新郎新婦にとって一生における一大イベント。失敗は許されないと思うと、緊張もします。

でも、**どうして自分が緊張するのかを冷静に分析すると、自分の中に何か不安要素があったりします**。確認が甘く段取りをしっかり理解していなかったり、表現方法に迷うことがあったり。

問題がわかれば簡単です。その不安を払拭《ふっしょく》すべく、一つずつ問題を解決していきます。準備をしっかりしておけば、当日は、「お二人がより輝けるように精一杯お手伝いしよう！」と、ワクワクしながら会場に向かうことができます。

「前に進める人、進めない人」を分ける「心の持ち方」

人生の転機は、誰にでも訪れると思います。そのときに、プレッシャーだと感じ不安に駆られてためらうのか、「ちょっと面白そう」と前向きにとらえてワクワクするのかによって、その後の人生は大きく変わります。

私は今でこそ、このように本を書く仕事をしていますが、最初から目指していたわけではありません。ひょんなことから、「本を書いてみませんか？」というお話をいただいたことがきっかけです。

私にできるのか不安もありましたが、お声をかけていただいたということは、わずかでも私にその可能性があると思い、「やってみよう！　大きなチャンスかもしれない」と、迷わずお受けすることにしました。

実は、司会の仕事、そして専門学校で教えるという仕事をすることにおいても、同じような経緯があります。「あなたに向いていると思う」とか、「やってみない？」と声をかけていただいたことが、きっかけなのです。

当時の私にとっては、すべて経験や実績のない世界でしたから、迷いもありましたが、「『私ならできる』と向こうが思ってくださっているのなら……」と思い、思い切って新しい世界に飛び込みました。

その時々に不安に駆られて躊躇《ちゅうちょ》していたら、今の私はなかったと思います。**感情を味方につけて、一歩足を踏み出せたから、どんどん道が開けていった**のです。

私は、年を重ねてから、ごきげんでいられる日が増えてきました。それは、感情を整理する力が徐々に備わってきたからのように思います。司会という仕事を通して身につけてきたものもありますし、多くの人と関わる中で学んできたこともあります。

365日ごきげんでいるなんて、到底無理です。でも、せっかくの人生、1日でも多くごきげんになれる日があったら、ハッピーですよね。ごきげんな日を増やすことは、まさにあなた次第。**あなたの心の持ちようで、いかようにでもできる**のです。心の持ちよう。それは、感情をうまく整理すること。それに尽きると思います。

本書では、私がこれまでに経験してきたこと、実践してきたことをもとに、どんなふうにしたら感情と少しでもうまくつきあうことができるのかを皆様にお伝えしたいと思います。私もまだまだ試行錯誤中です。これから一緒に、人生をより豊かなものにしていこうではありませんか。

鹿島しのぶ

はじめに　感情をコントロールできれば人生もコントロールできる　003

1 毎日、気分よく生きるための下地づくり

――「安定感ある人」のもとに、ご縁もチャンスもやってくる

LESSON 1 司会の仕事は「安定感があること」が一番大事　018
LESSON 2 プロ司会者の「感情を整える力」は、強い　022
LESSON 3 「あわやパニック!?」の会場を、一瞬にして穏やかに　025
LESSON 4 小さなつまずきを、大げさにとらえない　028
LESSON 5 「安定感のある人」には、信頼と好感が集まってくる　032
LESSON 6 「他人を喜ばせる」と、自分も必ず「ご機嫌」になれる　035
LESSON 7 「感情をわかち合う人」だけが手に入れられるもの　040

LESSON 8 相手の「不安な表情」を見逃さない 043
LESSON 9 「誰からも好かれたい」という欲望をなくす 046
LESSON 10 「嫌われてもよい」と開き直る方が、好かれる 051
LESSON 11 むやみに他人と比べない 053
LESSON 12 「良い所は真似しちゃおう！」で、嫉妬心とサヨナラ 055
LESSON 13 「完璧主義」にならない 057

2 すぐ「怒らない人」になる練習

——より豊かに、多くのものを受け取れる心をつくる法

LESSON 14 「世の中にはそんな考え方もあるんだ」と受け止める 062
LESSON 15 耳に痛い忠告には、一拍おいて「頷く」 065

LESSON 16 「真の大人」は、学生にも敬意をもって接する 068
LESSON 17 感情が高ぶったら、「深呼吸」 073
LESSON 18 「正しい・正しくない」の物差しから離れてみる 076
LESSON 19 「こうしなくては」にとらわれない 080
LESSON 20 上手な「不満」の伝え方 084
LESSON 21 つい怒りが生まれるのは、「お互い様」と考える 088
LESSON 22 必要以上に「好き嫌い」を出さない 091
LESSON 23 「怒り」は、行動を起こすガソリンになる 094

3 いちいち「悩まない人」の考え方

——クヨクヨ、モヤモヤを引きずらないテクニック

LESSON 24 「感情が安定している人」の中にあるただ一つの指針 098
LESSON 25 人が「ラクな状態でいられるとき」の三大原則 102
LESSON 26 つい「抱え込んでしまう」クセから脱出する方法 109
LESSON 27 「今、決める」で、クヨクヨのスパイラルを断ち切る 114
LESSON 28 この「断り方」で、上手に意思を伝える 117
LESSON 29 はっきり言えない人への処方箋 121
LESSON 30 「ため込まない」――実はこれが一番大事 124
LESSON 31 自信がなくて不安なのは、みんな同じ 126
LESSON 32 緊張した場合の克服法 128
LESSON 33 いつだって、「リセット」してやり直せる 131
LESSON 34 本当に「どうしても何も手につかない」ときには 134

4 「リカバリーと立ち直りが早い人」になる技術

——「考えすぎて動けない」をなくすヒント

LESSON 35 切り替えが苦手な人への処方箋 138

LESSON 36 失敗が「怖くなる」考え方 142

LESSON 37 反省はするが、自分を責めすぎない 145

LESSON 38 「何をどうすればいいか」から目をそらさない 148

LESSON 39 こんな「精神力の無駄遣い」をやめましょう 150

LESSON 40 失敗を次につなげる「3つのステップ」 153

LESSON 41 どんなクレームも「大丈夫」になる対処法 156

LESSON 42 「就活」と「感情の整理術」の意外な関係 159

LESSON 43 「なんとかする」と、決める 163

5 「自分の機嫌」を自分でとれる人になる

――「マイナスの感情」をはびこらせないコツ

LESSON 44 小さな「ストレス発散法」を見つける 168
LESSON 45 「外見から入る」ことも効果的 170
LESSON 46 定期的にモノを減らす 174
LESSON 47 苦手な人にこそ「自分からアクション」 177
LESSON 48 気難しい人とは「感情で付き合わない」 179
LESSON 49 人間関係のことは「欲張りになりすぎない」 182
LESSON 50 「素直さ」は、人の心を動かす 185

LESSON 51 「活力に満ちた輝いている人」とつきあう 188
LESSON 52 朝の「ボーナスタイム」を活用する 192
LESSON 53 「テーブルセッティング」で食卓を特別にする 195
LESSON 54 「心に余裕のある人」は、品格のある人 197
LESSON 55 「うまく行かない日」もまるっと受け入れる 199

6 目指すは「まわりまでご機嫌にできる人」

――愛と感謝で人とつながる習慣

LESSON 56 何はなくとも、まず「挨拶」 204
LESSON 57 挨拶の「意外な効能」 208
LESSON 58 「ちょっとした一言」を惜しまない 210

LESSON 59 「おかげさまで」が口ぐせの人は、輝いている 212
LESSON 60 「ポジティブワード」で、安心感を相手にプレゼント 214
LESSON 61 喜びの表現は「素直であればあるほど」心を打つ 216
LESSON 62 「相手を変えたい」とだけは思わないこと 218
LESSON 63 人との「違い」を楽しめると、ずっとワクワクできる 220
LESSON 64 「助けてください」を素直に言える人になる 222
LESSON 65 今の3倍、相手をヨイショ 225
LESSON 66 モノの受け渡しは「両手」を使って 228
LESSON 67 「人に必要とされる」ことで、自己肯定感がアップする 231
LESSON 68 「顔を合わせたコミュニケーション」も大切に 234
LESSON 69 笑顔で会って、笑顔で別れる 238

1

毎日、気分よく生きるための下地づくり

――「安定感ある人」のもとに、ご縁もチャンスもやってくる

LESSON 1

司会の仕事は「安定感があること」が一番大事

私は、20代の後半から30年、長年にわたり司会の仕事をしてきました。

司会者として一番必要な要素が、実はメンタルの「安定感」です。

司会は、読んで字のごとく、会を司る役割を担っています。司会が必要な会にはさまざまな種類のものがあります。結婚披露宴、式典、周年パーティー、叙勲祝賀会、お別れの会、などなど。

結婚披露宴とお別れの会。一見、対極をなす会だと思われますが、どちらも「落ち着いて出席者に安心感を与える進行」をするのが、司会のつとめです。

そして司会の役割は、スムーズに進行すること。どんなハプニングやイレギュラーなことが起きても、何事もなかったように対応することです。

それには、冷静沈着でいること、物事や事態を大局的に見ることが求められます。

どんなことが起きても冷静沈着でいる？

いやいや、本当はできませんよ〜。

結婚披露宴では、親御様やゲストの体調が急に悪くなったり、友人スピーチでとんでもない暴露《ばくろ》話が飛び出したり、新郎が泥酔《でいすい》してしまったり、少し前だったらキャンドルサービスのときにキャンドルの炎が消えてしまったり、地震が起きてしまったり、台風などの影響で停電してしまったり……。

私がこれまでに、実際に経験してきたものでも、実にこれだけのハプニングがあります。実は、心の中は、

「ひえー!?　どうするの？　やめて〜」

いつも、こんな感じです（苦笑）。

司会者は、その場の感情をも「整理」する

でもそんなときに、司会者があわててしまったり動揺したりしてしまったら、せっかくの会が台無しです。

とっさに平静を装い、頭をフル回転させ、その場に合ったベストな対処法を考えます。

キャンドルの炎が消えてしまったら、

「人生、ハプニングがつきものです。お二人の愛の力で乗り越えていただきましょう」

と言って、新郎新婦に今一度、点火するように促したり、地震の場合には、

「こちらの会場の建物は耐震性に優れています。万が一、避難が必要な場合には、スタッフが誘導いたしますのでご安心ください」

といった言葉を即座に伝え、会場のゲストたちに安心感をもたらします。

こういったハプニングに対し、司会者は、自分の感情をコントロールするだけではなく、お客様の感情も整理する術《すべ》をも、持っていなければなりません。

また、お別れの会においては、司会は淡々と進行していくことを求められます。

私の義母（夫の母）の葬儀は無宗教形式でしたが、夫の希望で、私が司会をする

ことになりました。

また、夫の葬儀のときには、さすがに司会はしませんでしたが、喪主のご挨拶を兼ねて、列席者の皆様に、私から夫の経歴を述べました。

どちらのときも、できる限り「淡々と」を心がけましたが、やはりラストの方は、思わず涙をこらえ切れなくなりそうになりました。が、何とか無事に役割をつとめることができました。

恐らく、自身の感情をコントロールする、司会者としてのこれまでの経験があったからだと思います。

本書では、司会者として私がこれまで培《つちか》ってきた、**何事にも平常心を保って対応していく術、すなわち感情の整理術**を、あなたにお伝えしていきたいと思います。

LESSON 2

プロ司会者の「感情を整える力」は、強い

司会者の「場の空気をコントロールする力」というと、やや横柄な言い方かもしれませんが、**司会者が紡《つむ》ぎ出す言葉によって、会場の雰囲気がガラリと変わることは、確かにあります。**

結婚披露宴の中のシーンで一番わかりやすいのが、プログラムの後半、新郎新婦から両家の親御様に、花束や記念品を贈呈《ぞうてい》するシーンです。

このシーンは、新郎新婦によって、どんな雰囲気にしたいのかが異なります。

親御様への感謝を熱く伝えたいので、感動的なシーンにしたい。感謝は伝えたいけれど、湿っぽくなるのは嫌なので、明るくしたい。人前で涙を見せるのは抵抗があるので、さらっとスマートに渡したい……など。

カップルによってご意向はさまざまです。

感動的なシーンを望んでいるカップルの場合には、贈呈する記念品に、二人が生まれたときの体重でつくられたクマのぬいぐるみ（サンクスベア）をお選びになったりします。

そういうカップルの披露宴では、私はお二人の気持ちを汲《く》んで、このように言葉を紡ぎます。

「お父様とお母様に、私たちが誕生したあのときの感動を思い出していただきたい。あのときのぬくもりを忘れないでほしい。そして、このサンクスベアを私たちだと思って、これからもおそばにおいてほしい。……そんな想いを込めて、お贈りになります」

……なんていう調子です。このときは、司会の声も抑え気味に、思いっきり感情移入して、お二人の思いを表現していきます。

すると、親御様はもちろん、会場内は感動の涙に包まれます。

一方、明るくまたはさらっとさせたいカップルの場合。そんなときは、私はこんな言葉とトーンで司会をします。

「お二人には明るい未来が待っています。これから力を合わせて幸せな家庭を築かれることでしょう！」

こう、未来に向けてのお二人の想いを明るいトーンで穏やかに伝えていきます。

すると、会場内は、笑顔とあたたかい拍手に包まれます。

こんなふうに司会者は、**紡ぎ出す言葉と声のトーンで、ある意味、会の雰囲気をコントロールしているといえる**かもしれません。

LESSON 3

「あわやパニック!?」の会場を、一瞬にして穏やかに

これは、私がまだ司会者としてデビューして間もない頃のことです。**ブライダルフェアにて模擬披露宴を行っている最中に、なんと停電になったことがあります。**

それは、新郎新婦が入場してすぐのことでした。扉から入ってきたお二人が、メインテーブルに着くまでの、まさにそのときです。

「フッ」と会場の照明が消えてしまったのです。

新郎新婦は、入場してきた扉の前から、すでに歩き出したタイミングでした。

とっさに私は、二人の歩みを止めない判断をしました。

電気がなく音楽もかけられない中、こうお伝えしました。

「ただ今、台風の影響かと思いますが、停電しております。このホテルには自家発

電装置が設置されておりますので、まもなく復旧するかと存じます。お二人はすでに歩み出されております。どうか皆様のあたたかい拍手で、お二人をメインテーブルまでお導きいただけませんでしょうか」

確か、このような言葉を発して、必死に場をつなげたように思います。

新郎新婦は和装でしたので、暗闇の中をゆっくりゆっくりと歩まれました。そしてようやく何とかメインテーブルに到着……というまさにその瞬間に、パッと照明が点《つ》いたのです。

会場内は、どっと大きな拍手に包まれました。そのときの一体感は、一生忘れません。

「司会の言葉」で一つになった会場

また、停電になった瞬間のことも、私は昨日のことのように覚えています。

照明が消えた瞬間は、ざわざわと不安そうにされていたお客様が、私の言葉を聞いて、協力しようとしてくださったのでしょう。**ざわめきよりも次第に、拍手の音**

の方が大きくなっていったことを。

司会の言葉に耳を傾けてくださった皆様のおかげで、模擬披露宴とはいえ、パニックや混乱が起きることもなく、新郎新婦をあたたかく迎えることができました。

「感情をコントロールする」というと大げさですが、会を司る司会者、時にそのような劇的な影響を及ぼすことがあるということを、日々、胸に刻んで仕事をしています。

これから、プロ司会者の「感情を整理する力」、そのエッセンスを、本書を手に取ってくださった皆さんに、余すところなくお伝えしてまいります。

日々の感情を乗りこなし、上機嫌で過ごせるようになるヒントを、きっとつかんでいただけることでしょう。

LESSON 4

小さなつまずきを、大げさにとらえない

人は生きていると、日々、さまざまなことが起こります。

例えば、ランチタイムにお気に入りのお店に入り、看板メニューのオムライスを食べよう！　と意気揚々と注文したところ、残念！「今日は終わっちゃったんです」なんて言われたら、

「ショック～、美味しいオムライスを食べたら、午後も乗り切れると思ったのに……」

一気にテンションは下がりますよね。

また、ある仕事に携わっていて、練って練って精魂込めて提案した企画、ようやく提出する段になったら、上司から「あっ、方針転換で、その企画はうちのチームは手を引くことになったんだ」というお言葉。

「何時間もかけて考えたのに〜！　いい加減にしてくれ〜！」

思わず叫びたくなっちゃいますよね。

人生はままならないものです。事の大きさにかかわらず、日々何かしら思うように行かないことは起こるもので、その度に落ち込んだり、悔しくなったり、怒ったり、泣いたり。日常の生活においては、喜びや期待や幸福感より、負の感情の方が起こりやすいのかもしれません。

ただ、そんなネガティブな感情にいちいち振り回されていたら、体がいくつあっても足りません。心も身体もボロボロになってしまいます。


ちょっとしたことで一日が台無しになってしまう人にならない

そこで、不測の事態に見舞われたとき、うまく行かなかったときに、どう対応するか、どう考えるか、どう整理するか。

これは感情を安定させる上で、大きなポイントです。

今日はオムライスにしか目が行かなかったけれど、実は同じくらい、あるいはそれ以上の美味しいメニューに出会うかもしれない。

考えた企画は、今回は使われなかったけれど、いずれ何かの使い道があるかもしれない。もしくは、調べたり学んだりした知識やアイデアを、後から生かせる機会が訪れるかもしれない。だから、一生懸命、企画書を作り上げたことは決して無駄ではなかったと、プラスに考える。

こんなふうに、**ちょっと視点を変えてみましょう**。

右がダメなら左に行ってみよう。まだ出会ったことのない未知の世界で、実は、楽しいことが待ち受けているかもしれない。

一つのことにこだわり過ぎず、執着し過ぎず、ちょっと冒険してみる。そこにはワクワク感が生まれ、ちょっとだけ楽しくなりませんか。

感情を整理できる人は「安定感のある人」

人は楽しい、嬉しいという喜びの感情を持つことで、気持ちが安定してくるように思います。

感情を整理できないと、不安な気持ちにさいなまれ、常に不安定になってしまいますが、自分の感情を整理することで、安定感が生まれます。

安定感を保つためには、落ち込んだり、悔しい思いをしたり、怒りを覚えたり、泣きたくなったりしたときに、いかに感情をコントロールできるか、整理できるかです。

「ウワー、もうダメだ！」と思ったら深呼吸して、感情を整理する作業をしてみましょう。

LESSON 5

「安定感のある人」には、信頼と好感が集まってくる

感情のコントロールができて、安定感がある人になる。

そのメリットを考えたときに、まず挙げられるのは、自分自身の心身の健康に良いということです。

心が落ち込むと、何事に対してもやる気がなくなり、人と話すことも億劫《おっくう》になり、外出する気力も萎《な》えてきたり……。出かけたくないから家にこもって体を動かさないと、ますますやる気がなくなり、いつの間にかストレスだけが増えていきます。とても健康的とはいえません。

ずっとそんな状態だと、当然、仕事のオファーも遊びのお誘いも減っていきます。

人は、一緒にいて楽しい人と会いたくなるものです。活力のある人と仕事をしてみたいと思うものです。厳しいことをいいますが、落ち込んでいる人や、ふさぎ込

んでどんよりしている人と、あえて一緒にいたいとは思わないはずです。

これが「いつもうまくいく」人の共通点

一方、感情や心が安定している人は、いつも穏やかです。

仕事においては、いつも変わらないクオリティーで仕事をすることができます。だから、「任せて安心！」と信頼されます。

遊びにおいては、いつも明るく楽しむことができます。時には、周りの雰囲気を盛り上げてくれます。だから、好感がもたれ、「あの人を誘おう！」となるのです。

いつも上機嫌な人は、いつも明るく朗《ほが》らか。するど、人としての安心感が生まれてきます。だから、「あの人にお願いしよう！」「あの人に会いたい！」と思われるのではないでしょうか。

仕事にしても遊びにしても、声をかけてもらう、誘ってもらうことで、その人自身の世界も広がっていきます。さまざまな人との出会いが、心を豊かにしてくれます。

いつも上機嫌で、安定感のある人でいること。たったそれだけで、周りの状況が自然に好転していくのです。

頼られたり、好感を持ってもらえていると思うと、やる気が出てきませんか？　依頼してくれた人のために良い仕事をしよう！　成果を上げよう！　結果を残そう！　誘ってくれた人のために、みんなを楽しませよう！　と。

逆にいうと、**感情をコントロールできずにいることで、損をしてしまう**わけです。

本来のあなたが、明るい人であり楽しい人であり、穏やかな人であるにもかかわらず、一時のマイナスの感情に振り回され、あなたらしくない振る舞いをすることで、本来の魅力が伝わらないとしたら、とてももったいないことです。

感情を整理して、いつも安定した気持ちでいることが、他者とのかかわりにおいても、大切なことであり、自分のストレスを減らすことになります。そして、信頼と好感を引き寄せることになるのです。

LESSON 6

「他人を喜ばせる」と、自分も必ず「ご機嫌」になれる

「人に喜んでもらいたい」

これは、私の場合、ある種、職業病かもしれません。

ブライダルの仕事は、新郎新婦・両家、そしてゲストに喜んでもらってナンボの世界です。お客様にいかにして喜んでいただけるか、満足していただけるかを常に考えています。

仕事とはいえ、それを考えるのはとても楽しいことです。どうしたら一番良いかと方法を考えて苦労することはあっても、「喜んでもらう」という行為に対して、つらいとか面倒だと思ったことは、一度もありません。

なぜなら、我々接客する側がしたことに対して新郎新婦やゲストに喜んでもらえたときには、我々も喜びを感じることができ、感謝してもらえることに、よりやり

がいを感じ、ハッピーな気持ちになるからです。

新郎の〝不機嫌〟の真相は……？

「人に喜んでもらう」といえば思い出す、印象的なエピソードがあります。

ある披露宴で、打ち合わせのときに、こんなカップルがいらっしゃいました。

新郎がとても無口な方で、ややもすると、「あら？　結婚披露宴をしたくないのかしら？」とさえ思ってしまうほど、一見すると、なんだか不機嫌そうなのです。打ち合わせ中、話をするのは、終始、新婦の方。新郎はずっと、うつむいて黙っています。

そうはいっても、新郎新婦お二人の同意のもと、つつがなく進めていくのが司会者としての私の役割です。ですので、自分からは何も話さない新郎にも、私はその都度、丁寧に確認しながら打ち合わせを進めていきました。

すると打ち合わせの最中、一瞬、新婦が席を外される瞬間がありました。

私は、そのタイミングを見逃しませんでした。

お二人の思いを引き出すのが司会の仕事でもあるので、何か糸口を見つけたいと思った私は、新婦がいない隙《すき》に、新郎にこう切り込んでみたのです。

「どんなささいなことでも結構ですので、何でもおっしゃってくださいね。ご不明な点やご希望などございませんか？」

すると、彼は、こう答えました。

「結婚式・披露宴に関して、僕は何も望むことはありません。ただ、彼女が喜んでくれれば良いのです。でも……、**実は、披露宴の中でどこでも良いので、手紙と花束を彼女に渡せたらと思っていたのですが……**、どのタイミングとか、どのようにとか、僕にはまったくわからなくて……」

それを聞いた私の脳裏には、新郎には直接言えない、こんな思いがとっさに駆け巡りました。

「キャ〜、何てこと！　すごいこと考えているじゃありませんか？　お優しいではありませんか？　愛情深いではありませんか？」

必死で平静を装い、私はこう答えました。

「とても素敵だと思います。ご新婦にとっては何より嬉しいサプライズだと思います。ぜひ一緒に考えさせてください」

こうして、新婦には内緒で、一緒に段取りを考え、当日のサプライズは見事成功！

当日、新婦は涙、涙で大感激。今でも忘れられない思い出です。

「人に喜んでもらう」ことの絶大な効果

私がしたことは、ほんのちょっとしたことです。

新郎がお手紙を読んで花束を渡すタイミングを考え、当日もほんのちょっとサポートしただけ。ただそれだけのことなのですが、お手伝いしたことで喜んでもらえたと思うと、それだけで私の心も満たされます。

そして、司会の仕事にやりがいを感じるのは、まさにこんなときなのです。

そんな、**人に喜んでもらえる効果を、私はありがたいことに何度も経験しているので、日常でも、家族や友人、周りの人に喜んでもらえることを考えるのが大好き**なのです。

誕生日などの特別な日に贈り物をするのはもちろん、旅先で、その人に喜んでもらえるお土産を探したり、自宅に呼んでおもてなしをすることも好きです。ウィンドウショッピングをしていて、友人が好きそうなものを見つけると、「今度会ったときに渡そう！」と、思わず購入してしまうこともあります。

また、モノを贈るということだけではなく、喜びを分かち合ったり、大変なときに寄り添ったりすることも、相手に喜んでもらえることだと思います。

相手のことを大事に想うからこそ、「喜んでもらいたい」と思い行動するわけで、その感情は、必ず相手へ通じるものであると信じています。

見返りを求めず、純粋に相手を想う気持ち、大切にしたいと思います。そして、それは、自分をハッピーにすることにもつながるのです。

LESSON 7

「感情をわかち合う人」だけが手に入れられるもの

感情というものは、自分ひとりで完結するものではなく、分かち合うことができるものです。その積み重ねが、人と人とのつながりを、時間をかけて強いものにしていくのではないでしょうか。

結婚式・披露宴の場で、よく使われる、**「苦しいこと悲しいことは半分に。嬉しいこと楽しいことは何倍にも」**というフレーズがあります。

これからの人生、何事も二人で分かち合ったら、苦しいことやつらいことなど悲しみは半分になるし、嬉しいことや楽しいことなど喜びは2倍にも3倍にもなるよという意味です。夫婦間において、これからの人生を二人で手に手を取り合い歩んでいってほしいという思いから作られた言葉だと思います。

また、「比翼連理《ひよくれんり》」という言葉もよく使われます。比翼の鳥と連理の枝を表しており、夫婦の仲睦《むつ》まじいことのたとえです。

比翼の鳥とは、中国の伝説上の鳥のことで、片方しか目と翼を持っていない雄鳥と雌鳥が空に羽ばたくためには、一対になって飛ぶしかないことから、協力し合って生きていく夫婦のたとえとして使われます。

また、連理の枝とは、2本の木の枝と枝が結合して一体化した枝のことを表し、比翼の鳥と同様、お互い支え合っていかなければ生きていけない夫婦のたとえとして使われます。

唐代中期の中国の詩人、白居易《はくきょい》が残した長恨歌《ちょうごんか》にある、「天にあっては願わくば比翼の鳥となり、地にあっては連理の枝とならん」の一節が由来といわれています。

感情の整理術を上手に使うと「喜び」が増えていく

結婚披露宴では、少し前から、といっても、ここ十数年は経つでしょうか。サプライズ演出が多く取り入れられるようになりました。新郎から新婦へ手紙やメッセージを添えて、花束などを贈ることもありますし、新婦から新郎へ行うこともあります。

お互いへの想いの強い新郎新婦ですと、お互いに内緒でお手紙を用意していたりします。全容を知っているのは、司会者と会場スタッフだけということで、当日お二人は、それはびっくりされて、かつ感激されます。

まさに喜びが、2倍、3倍になる瞬間です。

きっとお二人はそのことを一生忘れないでしょうし、そんなことができるお二人は、末永くお互いのことを思いやって生きていけるのだろうと確信する瞬間でもあります。

お互いを思いやる感情を育むことで、強い絆が生まれ、一人では得ることのできない安心感と活力を見出すことができるのだと思います。

その手助けとなるのが、「感情の整理術」です。本書でお伝えするこの**感情の整理術は、自分だけでなく、まわりの人たちの感情をも整え、人間同士の絆を強くしていってくれるもの**なのです。

LESSON 8

相手の「不安な表情」を見逃さない

感情の整理術はまわりの人の感情をも整える、というお話の続きです。

私は、日頃から人と接する仕事をしているので、あえて人の「顔色をうかがう」ようにしています。

「顔色をうかがう」というのは、本来はあまり良い意味では使われない言葉ですが、**接客の仕事においては、「顔色をうかがう」のはとても大事なこと**です。

司会者が、披露宴を行うお客様と打ち合わせをするのは、基本的には一回のみ。ですから、そのたった一回のお打ち合わせに、私たち司会者は全精力を注ぎます。文字通り、お客様の一挙手一投足を見逃さず、一言一句を聞き逃さない構えなのです。

お打ち合わせ中は、こちらが一方的に話を進めるのではなく、その都度その都度、丁寧にお客様に確認をしながら進めていきます。

そのときに、**何も言葉ではおっしゃらないのですが、お客様が不安そうな表情をされることがあるのです。**

恐らく、何かに迷っていたり不明なことがあったり。もしくは、本当は言いたいことがあるのだけれど、こちらに伝えるのを躊躇《ちゅうちょ》していたり。大体、これらのいずれかの理由が考えられます。

そんなときには、すかさず、お声がけです。

「今までのところで、ご不明な点などございませんか？」

「ご要望がありましたら、ご遠慮なくお申し付けください」

という言葉をおかけするのです。

すると、必ずといっていいほど、何かご要望が出てくるのです。

「実は、一組、追加でスピーチをお願いしたい人がいるのですが……」

「手作りしたものがあるので、紹介してほしいんですけど」

といった具合です。

このステップが、本当に大事なのです。

　ここで、お二人の意向をお伝えいただければ、こちらとしては一安心。お客様のご要望に沿った形でプログラムを組むことができますし、ご希望の品を紹介することもできます。

　万が一、その不安げな表情を見逃して打ち合わせを終了し、本番を迎えてしまったら……？

　それは大変！　お客様には「本当は紹介してもらいたかったのに」という思いが残り、後悔が残る披露宴になってしまいます。

　私たち接客をする人間が、これほど大切にしている、「人の顔色をうかがう」という行為。

　これは、ビジネスやホスピタリティの現場だけのものではありませんよね。相手の不安な表情を見逃さず、声をかけることは、友人や夫婦や親子といった身近な人に対しても、積極的に行っていきたいものです。

　人の感情に寄り添うことは、相手を思いやる一番の行動だと思います。そして、絶対的な安心感や信頼感につながることでしょう。

LESSON 9

「誰からも好かれたい」という欲望をなくす

「人を喜ばせる」のは私の喜びだ、ということを35ページで述べました。しかし、「好かれよう」という下心があってホスピタリティを発揮したことはありません。

人は嫌われるよりは、そりゃ～好かれたいと思っている人の方が多いでしょう。

しかし、好かれたいということを前提に行動することには、違和感があります。**人のことを考えて行動したり、誠実に仕事をしたりしていくことで、その過程の姿が認められた結果、人は信頼され、好かれるのだ**と思います。プロセスと結果を混同してはなりません。

……と、えらそうに述べている私ですが、以前、手痛い失敗をしたことがあります。

私はホテル・ブライダルの専門学校で、14年間、講師をつとめた経験があります。ホテル・ブライダル業界で働くことを目指す学生たちに、接客マナーや接遇会話、ブライダル関連のことを教えてきました。フルタイムの勤務でしたので、ブライダルのクラスの担任もしており、就職指導にも携わっていました。

学校側は、講師がより良い指導をすることを目的として、年に2回、学生へ講師に対するアンケートを実施します。

これは平たくいうと、講師が学生から〝評価〟されるわけです。

そして、私がこの学校の講師に就任して初めての年。

初年度、**何と、担任をしていたクラスの学生たちから私への評価は、最低のE評価でした。**

なぜ、受け持ちのクラスの学生から、こうも嫌われてしまったのか。評価されなかったのか。信頼されなかったのか……。

このときは、かなりショックを受けました。

人生の中でもワースト1、2位に挙げることができるくらい、つらい出来事でした。

自分を全否定されているような気にさえなりました。

なぜ、よかれと思っての行動が〝空回り〟するのか

今、考えてみると、当時の私は、やることすべてが空回りしていたように思います。**きっと、「良い先生になりたい。誰からも好かれる先生でいたい」と、心のどこかで思っていたからだ**と思います。だから、**よかれと思っての行動が、どこか表面的だった**のでしょう。

たとえば、学生みんなに声をかけなければと思い、積極的に声をかけていたつもりだったのですが、どうやら数名には、きちんと声をかけられていなかったようです。意図せずではありますが、一部の学生を傷つけてしまいました。

あるときは、学生からの声にきちんと耳を傾けられていない場面があったようです。学生たちは、先生をよーく見ています。

アンケートには、「先生に無視をされた」とか、「先生は、私たちの話を聞いてくれない」というコメントが並べられていました。

また、私が学生のためだと思い込み、相手の気持ちや事情も十分考えずに、一方的に厳しい注意をしたことがありました。これについても、学生たちはよく見て覚えていました。**「先生は、すぐ感情的になって怒る」**というコメントが、アンケートに書かれていたのです。

本当は自分でも、学生との関係がどこかギクシャクしていることを、うっすら感じていたのです。でも、あえて気にしないようにして、自分の問題に目をつぶっていたのでしょう。

アンケートという目に見える形で、学生の想いを知ったときに、私はようやく我に返ることができました。自分がいかに学生と向き合っていなかったか、寄り添っていなかったかということを思い知らされたのです。そこでやっと、自分の問題と向き合おうと、腹をくくることができたように思います。

結果とプロセスを〝混同〟しない

そこから、私は、学生の立場に立って物事を考えることを徹底するようになりました。学生は何がわからないのか、何に迷っているのか。一人ひとりに丁寧に接するように心がけました。

すると、徐々に学生との距離は縮まりました。そのうちに、こんなうれしいことを言ってくれる学生まであらわれるようになりました。

「私、絶対にブライダル業界で働きたい。そして、そこで働いている先生と一緒に仕事をするのが夢なんです」と。

ついに、学生と心を通わせることができたのです。

私が、このときの経験で身をもって学んだことがあります。

それは、**「良い先生でありたい」とか「好かれたい」と思って動くのではなく、誠実に人と向き合うことで、結果として好かれる人になれるのだ、**ということ。

これは、感情の整理をする上でも、決して忘れてはならないことなのです。

LESSON 10

「嫌われてもよい」と開き直る方が、好かれる

「好かれよう」と思っての行動は、どうしても空回りしがちです。

いつも周りからの目を気にしていたり、本来の自分の姿ではないものを装《よそお》ってしまったり。そんな姿に、人はどこか作為的なものを感じ取りますし、何だか危うい印象を受けるものです。

もちろん、特に若いうちは、人からどう見られるかが気になって仕方がない時期もあることでしょう。

でも、**ある程度年齢を重ねていくと、開き直ることが大切です**。時には「嫌われてもよい」と思えるくらいの行動をした方が、相手のためになったり、それによって、かえって信頼を得る結果につながったりするように思います。

また、誰からも良く思われたいという思いからの行動は、人の目を気にし過ぎて、

「自分さえ我慢すれば良い」という、間違った自己犠牲につながることもあります。するると結果として、自分の首をしめることにもなりかねません。人から批判されることを恐れるあまり、自分の意見を言えなくなっている人も、たくさんいるように思います。

そう、**「好かれたい」「嫌われたくない」と思っての行動は、本来の自分からかけ離れていくことでもある**のです。

無理をせず、人にも仕事にも、誠実に一生懸命向き合っていく。そんな姿勢が、感情を整える上でも大事です。

その第一歩は、自分に無理をしないこと。自分にとって無理のあること、つらいことを続けていると疲れてしまい、どうしても人としての余裕がなくなってきます。

自分に嘘をつかず、自分らしく振る舞いましょう。ただし、人のことを思いやる気持ちだけは忘れずに。

それさえ気をつけていれば、嫌われることはないでしょう。

LESSON 11

むやみに他人と比べない

世の中には、常に、人と比べて生きている人がいます。

もちろん、私もまったく人と比べる気持ちがないわけではありません。人のことをうらやましく思ったり、ああなれたら良いな～と思ったりすることはありますが、**心のどこかでいつも、「私は私」と思うようにしています**。

もし、本気で憧れるような人に出会ったら、どうしたらその人に近づけるのかを考え、その人の真似をしたり、その人を見習って同じように行動できるように努力をしたりします。

私は、素直にポジティブに「自分にプラスになる」ように解釈し、考えるようにしています。人をうらやましく思う気持ちが芽生えたときに、そこで、自分を卑下《ひげ》したり、相手と比べて劣等感を抱くことにだけとらわれると、それは生きづらくなることでしょう。

世の中には色々な人がいます。すべて完璧な人がいないのと同じように、何一つ良いところがないという人もいません。

もしも、自分は何も良いところがないとか、何の取り柄もないと思っている人がいれば、それは自己分析が足りないだけです。自分の良いところに気づいていないだけです。**自分のことを過小評価していることに気づいてほしい**と思います。

また、逆のケースも考えられます。自信満々、自信過剰。自分のことを過大評価しているケース。私が一番のはずなのに。あの人に負けるはずがないのに。

こちらもまた、自己分析が足りず、自分のことをよくわかっていない人なのです。人と比べる。何でも勝ち負けで考えるのは、あまりにも悲しい。世の中、そんなに単純ではありません。

勝ち負け、優劣がはっきりするのは、勝負の世界でのこと。スポーツや囲碁《いご》・将棋《しょうぎ》・ゲームなどの世界においてのことです。人間関係において、勝ち負けというものは存在しないのです。

LESSON 12

「良い所は真似しちゃおう！」で、嫉妬心とサヨナラ

私は、司会の仕事をしていますが、自分より上手だと思う人はたくさんいます。正直にいうと、素直に「あの人にはかなわないな～」と思うこともあれば、「ちょっと悔しいな～」と思うこともあります。

そんなときは、さすがの私も、すぐには「私は私！」なんて思えないものです。

でも、少しだけ考え方を変えるのです。

「良い所は真似しちゃおう！」と。

言い方を変えれば、その人を「お手本にしよう」と思うのです。

司会の技術に関しては、貪欲《どんよく》なところがある私。上手な人の技術は、どんどん取り入れたいのです。「私は私！」にプラスされるものがあるなら、**「今よりうまくなれる！」**と考えるのです。そこだけは、ちょっと野心があります。

成長したいと思ったら、勝ち負けではないのです。

世界は変えられないけれど、気分は変えられる

人生、勝ち負けなんて単純な言葉では言い尽くせないものですよね。人と比べて自分が幸か不幸かを決めるのではなく、幸か不幸かは自分の心の持ちよう次第。幸せは自分で見つけるものであり、自分で探すものです。

「隣の芝生は青い」という言葉がありますが、他人のものはよく見えるもの。でもじっと目を凝らしてみれば、すぐそばに大事にしたいものが、たくさんあるはずなのです。

人と比べて、ないものねだりで感情を乱すのではなく、自分の身近にある大切なものに目を向け、自分がいかに幸せであるか、恵まれているかに気づく心を持ちたいものです。そうすると、おのずと「安定感ある、いつも上機嫌な人」に近づいていきます。

LESSON 13

「完璧主義」にならない

仕事において、完璧を目指すことは素晴らしいことです。むしろ、完璧を目指さなかったら、良い仕事はできないでしょう。

では、人生においてはどうでしょう。完璧な人生はあるでしょうか？　また、完璧な人間はいるでしょうか？

残念ながら、あり得ないと思います。仕事においてだって、自分では完璧だと思っていても、先輩や上司からは、「まだまだだな」と思われていたりするものです。

世の中、完璧はあり得ない。だから面白いのだと思います。

詩人の吉野弘さんの作品で、結婚披露宴のスピーチでよく引用される「祝婚歌《しゅくこんか》」の中に、こんな一節があります。

「完璧をめざさないほうがいい　完璧なんて不自然なものだとうそぶいているほうがいい」

夫婦の関係において、そうあってほしいという願いが込められている作品ですが、何事においても、まさにその通りだと思います。

また、この詩の中には、「二人のうちどちらかがふざけているほうがいい　ずっこけているほうがいい」というフレーズもあります。

日頃の人間関係において、自分のことを棚に上げて、意外と相手に完璧を求めていたりしませんか？

何事においても完璧を「目指すこと」は良いことだと思いますが、「完璧でなければならない」という思考は、自分自身を苦しめますし、**相手にそれを求めたときには、その関係がギクシャクしたものになってしまいます。**

夫婦円満の秘訣は「意外なところ」に!?

夫婦間のことを例にとると……。

私が何か忘れていたり失敗したりしたときに、夫が「君は抜けているからね～」と言うので、私は開き直って、こう言い返したものでした。

「あら、私が完璧な妻だったら大変よ～、あなた毎日息苦しいわよ～」

すると、夫も「そりゃそうだ」となり、二人で笑い合ったものです。今でも思い出すと気持ちがあたたかくなります。

夫婦でも親子でも友人でも上司でも部下でも、完璧な人間はいない。

誰にでも不完全なところがあるから、人は支え合えるし、助け合える。

そう思えば、お互いに気がラクになるのではないでしょうか。そして、いつでも許し合える寛容《かんよう》な心を持ちたいものです。

2

すぐ「怒らない人」になる練習

——より豊かに、多くのものを受け取れる心をつくる法

LESSON 14

「世の中にはそんな考え方もあるんだ」と受け止める

自分の意見を反対されたり、否定されたりしたとき、あなたはすぐに怒ってしまう方ですか?

実は私も本来、どちらかというと短気な性格でして……、他人から否定的な意見を言われたり、反対されたりすると、すぐに「ムッ」としてしまうタイプです。

が、職業柄、私は日々、たくさんの方と接し、お話しします。そうそう短気なままで人と接することができないため、日頃から自分がそういう性格であることを肝に銘じ、認識しています。

そして、**意識的に「感情をすぐに顔に出さないように、すぐに言葉に出さないように」と気をつけています**。

「意識する」ということは、とても大事です。私自身、ただそのように心がけているだけで、たとえムッとしたときでも、一呼吸置くことが習慣になり、表情に出さずに、腹に納めて行動できるようになりました。

感情のコントロールも、トレーニング次第ということでしょうか。

「感情的になって怒らない先生」……ではなかった私!?

先日、かつて私が担任を務めた専門学校の卒業生の結婚式に出席しました。その際に、卒業生たちが、こんなうれしいことを言ってくれて感激しました。

「先生は、私たちがどんなにわがまま勝手な行動をしたときでも、カッとせずに必ず、一呼吸置いてから、感情的にならずに叱ってくれた」と。

本当は、私はいつも冷静な先生なんかではなかったのです。49ページで触れたように、専門学校に就任したばかりの頃は、ついカッとなって、感情のままに学生に怒ってしまったこともあるのです。

ですが、前述の、そう話してくれた卒業生たちは、私がほんの少し、講師として成長してからの学生でしたので、そのように感じてくれたのでしょう。

私は感激すると同時に、当時、私がじっと感情を抑えていたのを、学生たちはちゃんとお見通しだったのだと思うと、ちょっとおかしくもあり嬉しくもあり……。

ついムッとするのは仕方がないかもしれませんが、いちいちそれをあらわにすることは、人とおつきあいする上で、かなりのマイナスポイントです。売り言葉に買い言葉というように、お互いの怒りを増長させてしまいます。

本章では、「怒らない」「不機嫌にならない」ヒントを一緒に見てまいりましょう。

LESSON 15

耳に痛い忠告には、一拍おいて「頷く」

プライベートでもビジネスシーンにおいても、「あなたのここが悪い」と的を射た指摘をされたときほど、耳が痛い。ストレートにいえば、腹が立つものです。

誰だって、自分の弱点や欠点に気づいていないわけではありません。ただ、あらためて人から言われると、癪《しゃく》に障る気持ちはよ〜くわかります。耳に痛い忠告をされて、すぐさま「ありがとう」なんて気持ちになれるわけありません。

でも、ここで感情に流されないことです。相手はあなたの弱点をズバリ指摘してくれているわけです。よくよく考えてみたら、とてもありがたいことではありませんか。

耳に痛い忠告を受けたとき、すぐに「ありがとうございます」という感謝の言葉が出てこなくてもＯＫ。

一拍おいて、イラッとする気持ちを抑えてから「頷《うなず》く」だけ。

ただこれだけでも、指摘してくれた相手への感謝の気持ちは、十分示すことができますよ。また、これは、自分で自分をなだめ、納得させる行為にもなります。

弱点を指摘されたら、なぜ「ありがとう」なのか

私の夫は、愛情深く寛容さも持ち合わせていましたが、ストレートに人の弱点を見抜くような洞察力がありました。のんびりしたところのある私は、よく「君の良くないところは、先延ばしにするところ」と鋭く指摘されたものです。最初は、そのたびにムッとしましたが、確かに何度言われても仕方ないくらい、先延ばしにするところがありました。

それに比べて、夫は、何でも「すぐやる課」タイプの人でした。例えば、知人から「人を紹介してほしい」という依頼の電話を受けると、その電話を切った後に、即、対応。たとえ自分が多少忙しいときでも、たとえお願いをする相手とかなりご無沙汰している関係であったとしても、何のためらいもなく、すぐ電話。相手と電話で

話すことができれば、そこで返事をもらい、即、解決。……という具合です。

こんな人ですから、夫から「君はグズだから」なんて言われると、強い言葉にムッとしつつも、さすがに私も「その通り!」と、素直に認めざるを得ませんでした。

人は言われ続けると、自分の弱点や欠点を思い知らされるものです。自分ではわかっていたつもりでも、普段は逃げていることに気づかされました。

今でも、その悪いくせはありますが、以前に比べるとだいぶ改善されてきています。厄介なことほどすぐに手をつけた方が、自分のストレスが軽減されることに気づいたからです。

あなたに忠告してくれる人というのは、一見、厄介な存在かもしれませんが、あなたのことを想ってのこと。大人になってから、いちいち指摘してくれる人というのは、実はなかなかあらわれません。**本当はありがたい存在なのです。**

さあ、心あるアドバイスと受け止め、素直に耳を傾けてみましょう。

LESSON 16

「真の大人」は、学生にも敬意をもって接する

そもそも、私たちはなぜ、人から反対されたり批判されたりすると、ムッとしてしまうのでしょうか。

おそらく根底には、「自分の考えが正しい」「自分の意見が一番！」という思いが、どこかにあるからではないでしょうか。

これは、一種の驕《おご》りだと思います。世の中にはたくさんの人がいて、さまざまな考えがあり、自分の知らない世界もあり、知らないこともたくさんあるのだ——という謙虚な気持ちを持てば、自然と、さまざまな考え方や意見を、受け入れることができるようになるのではないでしょうか。

たしかに、**理知に富み、教養のある人ほど、穏やかに他人の意見を聞き入れる**印象があります。

ある「一流ホテルマン」の話

一流ホテルでの支配人経験もお持ちの、あるベテランのホテルマンのお話です。

その方は、どんな人の話にも、丁寧に耳を傾けてくださいます。一緒に働くスタッフ、お客様、老若男女かかわらず、興味を持って話を聞いてくださるのです。

こちらが話をしている間は、余計な口をはさまず、適度に相づちを打ち、穏やかな表情で聞いてくださいます。それだけで、すべてを受け入れてくださっている雰囲気が、こちらにも伝わってきます。

ですから、その方には、誰もがつい相談したくなってしまい、その方が職場を変えても、前の職場の人がわざわざ新しい職場に訪ねに行って、相談してしまうくらいです。

実は、私はその方に、私が勤務する専門学校の授業をお願いしたことがあります。その方はお忙しいにもかかわらずご快諾くださり、数年間にわたり、学生のご指導をいただきました。

お願いしたにもかかわらず、私は当初、少しハラハラしていました。

というのも、その方が授業で相手にするのは、まだ10代の学生です。一流ホテルのベテランのホテルマンが、普段、まず接することはない世代の若者たちです。講師をしている私だって、最初は、学生とどう接したらよいか戸惑い、抵抗があったものです。

しかし、いざ蓋を開けてみると……。

その方には、学生たちとの年の差なんて関係ありませんでした。

一緒に働くスタッフに対するのと同じように、はるかに年下の学生たちにも、きちんと敬意をもって接してくださいました。

相手へのリスペクトのある態度は、自然と伝わるのでしょう。すぐに彼は、学生たちから絶大な信頼を集めるようになりました。ある学生たちは、担任である私にも相談できないようなことを、その方には相談していたくらいです。若い学生の気持ちもすぐにつかんでしまい、信頼される先生として、活躍されました。

その方は、つい先日、現役を引退されました。

本業のお仕事では、ブライダルにも関わっていらっしゃいました。ベテランでありながら、しきたりにとらわれないお客様の意向もしっかり聞き取り、新しい演出を取り入れることを楽しんでいらっしゃるご様子でした。

どんな要望にも臨機応変に対応されるので、新郎新婦からも人気がある方でした。

年齢を重ねても、柔軟になれる人

おそらく、彼のように**知識と経験がある人ほど、自分にはまだまだ知らないことがある、ということをわかっていらっしゃる**のだと思います。

だから、年齢の離れた人たちともフラットに接することができるし、好かれるのでしょう。そして、新しいアイデアに出会っても、否定するのではなく、まず「面白そう！」という好奇心が生まれるのでしょうね。

常に理性を保って行動するのは、とても難しいことですが、そんな人に近づけるよう努力してみたいものです。

このホテルマンの方は、私が今でもずっと、尊敬している方の一人です。「怒らない」「不機嫌にならない」という点においても素晴らしい方で、ずっと見習いたいと思っています。

常に理性を持って行動することは、とても難しいことですが、そんな人に近づけるように努力してみたいと思います。

彼のように、「世の中にはそんな考え方もあるんだ」ととらえることで、私たちの世界はもっともっと広がり、人としても大きくなっていくでしょう。

LESSON 17
感情が高ぶったら、「深呼吸」

怒りを予防し、制御するための心理療法プログラムである、アンガーマネジメントでいわれているのが、6秒ルール。怒りは6秒経てばピークを過ぎるので、最初の6秒さえ我慢すれば良い、というものです。

私は、6秒といわず、**ただ深呼吸するだけでも、怒りをおさえる助けになる**と思っています。

怒りは、どちらかというと醜い感情です。ただし、残念ながら、人に感情がある限り、どんなにできた人であれ、怒りの感情が湧いてくることはあるはずです。ですから、怒りをなくすことは難しいのですが、その感情をおさえることは、ちょっとした工夫次第で、誰でもできるのです。

その姿、自分の大事な人に見せられますか？

まず、人前で怒りを爆発させてしまったときの自分の姿を想像してみてください。声を荒げたり、ものに当たってしまったり、ブスッと仏頂面になったり。**どう考えても、あなた自身が素敵に見える振る舞いではない**のです。

人の目を気にし過ぎるのはよくありませんが、ある程度、年齢を重ねて大人になれば、人にどう見られるかを考えて行動することも必要です。なぜなら、人は、見た目や立ち居振る舞いで判断されることが、往々にしてあるからです。

ましてや、後輩や部下がいる立場になったり、人をまとめる立場になったりしたときには、要注意。周囲は、あなたの言動を常に見ているのです。

怒りをため込むのは体の不調をきたすことにもなり、良くないことですが、カッとなったその怒りをストレートに相手にぶつけては、自分が損をするだけなのです。

深呼吸するだけで、ほんのわずかでも気持ちが落ち着きます。クールダウンできる時間が生まれます。そして、徐々に正常な思考が復活してきます。

私は何に対して怒っているのだろう。反対されたから？　否定されたから？　自分の思うように動いてもらえなかったから？

そんなふうに考えていくと、自分の怒りの原因が分析できます。そして、この人は「何で反対するのだろう？」「どうして否定するのだろう？」と考えていくことで、相手の立場に立った目線で考える余裕が生まれてきます。

論破するより、放っておいてあげる

相手の立場に立って考えられるようになれば、あなたの気持ちもだいぶ落ち着いてきた証拠。相手の気持ちを汲んだ上で、自分の考えを主張するなり、伝えていくなりすれば、話し合うこともできます。

また、**これは平行線をたどるだけだと感じたら、その話題は避け、相手と距離をとってしまうことも、一つの賢い方法**です。

あえて、そこで議論する必要はありません。感情に任せて自分の意見を主張したところで、何のメリットも生まれないからです。怒りを手放してしまえば良いのです。

LESSON 18

「正しい・正しくない」の物差しから離れてみる

数字やデータで示されているものならともかく、考え方や主張をはじめ、人との関係において、何が正しくて何が正しくないかと判断するのは極めて難しいですし、その答えが一つではないのが現代だと思います。

例えば、マナー。マナーと一口にいっても、その作法は流派や業界・業種によってさまざまです。何が正しくて何が正しくないと明確に示すことは、実はとても難しいように思います。

私は、ホテル・ブライダル業界で仕事をしていることから、ホテルスタッフからマナーについて教えていただくことも多く、接客を実践してきた経験から、専門学校では接遇マナーの指導をしてまいりました。

ここで、マナーにまつわるお話をご紹介しましょう。

テーブルマナーの「そもそもの目的」とは？

フレンチレストランにおいて、ナイフやフォークがたくさん並べられていることがあります。コース料理において、オードブル、魚・肉料理と、お料理に合ったナイフ・フォークがセッティングされているからです。外側から使っていくのが正しいわけですが、料理によっては、これはスプーンを使うべきなのか？　これはこのナイフで本当に良いの？　などと迷ってしまうことがありますよね。

これについて、あるフレンチレストランの支配人は、こんなふうにおっしゃっていました。

「本来、カトラリーは、お料理に合わせたタイミングでセッティングするものです。あらかじめテーブルに並べておくのは、サービスマンの怠慢《たいまん》（笑）なんですよ。ですから、何を使ったら良いか迷ったら、遠慮なくサービススタッフに聞いていただきたいですし、たとえ使い方を間違えても、お客様が恥ずかしいと思う必要は全くありません」と。

さすがに「サービスマンの怠慢」というのは、その支配人のユーモアだと思いますが、ある意味、テーブルセッティングが、サービス側の都合であることは間違いないようです。

相手の都合で合理的に並べられているものを使うときに、いちいち「これは正しいのか？　間違っているのか？」と考えるのは、確かにちょっと違うように思えてきます。

「社会の用意したモノサシ」では推しはかれないこともある

マナーとは、相手とのコミュニケーションをとるときに、お互いに気持ちよい関係でいられるために、気を遣いたいこと、気をつけたいことだと私は考えています。

ですから、正しい正しくないではなく、お互いに気持ちよく過ごせることを基準に、それぞれに考えて行動するのが、本来はベストなのです。

しかし、ある程度の基本ルールや指標があった方が行動しやすいので、「この時にはこうしましょう。こうした方が良いですよ」と設けられているもののように思います。

幼少期に大人から教えてもらう礼儀・作法は大切です。また、社会人になってからのビジネスマナーも、基本を学び、しっかりと身につけていきたいものです。

ただし、ある程度社会経験を積んできたら、マナーとして正しいかではなく、相手との関係において、どう行動すること、どう伝えることがベターなのかを自分で考えることが求められてきます。

ただ単に、「正しい・正しくない」という杓子定規《しゃくしじょうぎ》な物差しで行動したり、人の言動を観察したりしていると、怒りも生じやすくなりますし、許せないと思うことも出てくるのかもしれません。

人との関係においては、常に「正しい・正しくない」「イエス・ノー」「白・黒」では割り切れないことがあることに目を向け、寛容な心を持つことが、自分自身をラクにすることにもつながります。

LESSON 19

「こうしなくては」にとらわれない

真面目であること、正義感にあふれていることは、素晴らしいことです。

ただし、**世の中には、「こうすべきだ」と思ってもそうできないことや、そうならないことがあることに目を向けることは必要**です。

「後輩ができたのだから、お手本を示せる先輩にならなければならない」

「上司とはこうあるべきである」

「仕事とはこうするべきである」

「時間は何が何でも守るべきである」……。

あることの実現に向けて目標を持ったり、理想を打ち立てたりすることは、良いことです。しかしながら、頑《かたく》なにストイックになり過ぎたり、一つのことにこだわり過ぎると、心はどんどん固くなり、気づいたらポキンと折れてしまった……ということも、時には起きてしまいます。

大谷翔平選手の「言葉選び」の何がすごい？

メジャーリーグで活躍している大谷翔平選手は、数々の記録を打ち立てていますが、記録がかかっている試合で、見事に新記録を達成した後のインタビューにて、よく彼が口にする言葉をご存じでしょうか。それは、

「早く打ちたいなと思っていたので、打ててよかった」

という言葉です。

インタビュアーの「プレッシャーはなかったか？」という質問に答えてのものだったのですが、この「打ちたいな」という表現こそが、大谷選手の強さを物語っているように思います。

「打たなければと思った」ではないのです。

「打ちたい」という、単純に試合を楽しむ姿勢が、彼が大舞台でいかんなく実力を発揮できる要素なのではないでしょうか。

プレッシャーのかかる状況でリラックスするのは難しいことですが、「べき思考」から離れて、肩の力を抜いて、楽しんでしまう気持ちが、物事を良い方向に後押しすることは、大いにあります。

「○○しなければならない」「○○すべき」から、「○○したいな」「○○できたらいいな」と思考を変えてみることで、私たちはもっとおおらかに、ご機嫌でいられるはずです。

「べき思考」の意外な落とし穴

また、「べき思考」は、怖い落とし穴があります。もともと「べき思考」は、自分に課すルールのようなものですが、それをいつも自分に課していると、知らず知らずのうちに、他人にも求めてしまうようになる。そんな傾向があると思います。

つまり、時間を守れない人に対して、「許せない！」と思ったり、上司らしく振舞わない上司に対していらだちを覚えたり……。

「べき思考」が強いがために、他人に対して抱かなくてもよい怒りの感情をいちいち抱いてしまい、怒りの感情に振り回され、自分を苦しめてしまっている人は、たくさんいると思います。

まっすぐでかたいものは、負荷がかかりすぎると、ポキンと折れてしまいます。

私たちも、柳《やなぎ》のようにしなやかに生きてみませんか？

風に揺れながらも柔軟性を持っている柳は、決して折れることなく、しなやかに、でも力強く生きています。

何事も受け流す「柔軟性」と「強さ」を持った人を目指しましょう。

LESSON 20

上手な「不満」の伝え方

ストレスの大きな原因の一つは、相手に不満があるのに、自分の気持ちに嘘をつき、あるいはごまかし、我慢してしまうことだと思います。

ただ、人間関係において、自分の気持ちをすべてストレートに伝えてしまったら、誤解を招くことも多々あると思いますし、相手を傷つけてしまうこともあると思います。

そこで、大切なのは、相手への不満を持ったときの対処法です。

不満はため込むと、のちに大きな怒りになり、それが爆発したときには、取り返しのつかないような事態を招くことになりかねません。爆発させてしまったときの相手との関係は恐らく最悪なものになるでしょうし、ため込むことで、自分自身の体調に影響を及ぼすことも考えられます。

こまめに吐き出すことが賢明です。

では、どのように放出していけば良いか。

それは、**相手への伝え方がポイント**です。

例えば、職場において、あなたが忙しいときに、ささいなことで何度も話しかけてくる同僚がいたとします。その人に対して、どのように対応しますか？

「実はね、今、抱えている仕事を明日までにどうしても終わらせなくてはならないの。私、不器用だから、これからちょっと集中してがんばってみるね」とか、

「この仕事が終わったら、ゆっくりお話聞かせて」とか。

自分の状況を正直に伝えた上で、相手への関心があることも伝える。これは、相手への配慮も感じられる伝え方だと思います。

相手は、あなたの置かれている状況がわからないから、話しかけてくるのかもしれません。まずは、あなたの状況を正直に伝えることです。そして次に相手のことも慮《おもんぱか》る言葉を付け加えれば、相手も理解してくれるはずです。

「できません」ではなく、「こうすれば、できます」

また、あなたが忙しいときに、「明日までにこれをお願いします」と上司に言われたら、いやいやながら受けてしまうのはNG。

無理だと思ったなら、まず自分の状況を伝え、「いつまでならできる」という言い方をするのが良いでしょう。

「あいにく、今、明日の会議の資料作成に追われています。明後日まででしたら、お受けできますが、お急ぎでしょうか？」

「申し訳ございません。あいにく手一杯です。明後日までお待ちいただけませんでしょうか？」

などといった具合です。

相手の頼みにこたえられないのは、心苦しい？

大丈夫、あなたが気にする必要はありません。もしあなたができなかったら、相手は別の人に依頼するかもしれません。

何でもかんでも、がんばって受けてしまわないこと。たとえ相手が目上の人であっても、自分の状況はちゃんと伝えましょう。そうすれば、相手は違う対応をすることができます。これも、お互いのストレスを減らす方法です。

何かストレスになるような事案が舞い込んできたときに、自分に対処する力があるのかを冷静に判断し、できるものはできる。難しいと思ったら、このような条件、期限だったらできるなど、具体的に相手へ状況を伝えるべきなのです。

それが、ストレスを抱え込まないコツです。

LESSON 21

つい怒りが生まれるのは、「お互い様」と考える

どんなに避けようと思っていても、怒りが噴出《ふんしゅつ》してつい態度に出てしまったり、暴言を吐いたりしてしまう。そういうことは、誰にでもあることです。

そのとき、命運を分けるのは、その後、どう対処するか、です。

まずは、すぐに謝ること。

大人になってから謝るという行為は、意外と難しいものです。なかなか素直になれず、相手のせいにしてしまうこともあるでしょうか。

確かにそれは一理あります。怒りという感情が湧くのは相手あってのこと。そして、**対人関係において、どちらか一方が100%悪いということはありえない**のです。

とはいえ、です。万が一、自分に分があるとしても、怒りをあらわにしてしまう

ことは、失礼な行為です。ですから、そのことに対して、まずお詫びをすることです。

何事も、謝るのはできるだけ早い方が良いのです。

時間をおいてしまうと、素直に謝りにくくなってしまいます。相手との溝も深まってしまうことでしょう。まずは、自分が大人げない態度をとったことに対してのお詫びです。

そして、**もしも相手の理不尽さに納得がいかないのであれば、その点については、謝る必要はない**でしょう。

私は、プロダクションを運営していますので、時には会場側から司会者に対してのご指摘をいただくことがあります。ミスではないのだけれど、経験が浅いとか、もっとうまく立ち回ってもらいたかったとか。

私が客観的に見て、お客様に迷惑をかけたわけではなく、しかも司会者だけの問題ではない。そう判断したときは、私は「申し訳ございませんでした」とは伝えません。「指導いたします」という言葉におさえます。

社長の私が謝ってしまったら、その司会者の立場がありませんし、周囲にも「あれは、やっぱり司会者のミスだったんだ」と、不本意な受け止められ方をしてしまうからです。

ミスとまではいえなくとも、至らないことがあったのは事実。そして、それは代表である私の指導不足が原因。ですから、謙虚な姿勢で事実を受け止めますが、必要以上に謝るのも、誤解を招くと考えます。

だから「指導いたします」なのです。

こうした言葉の使い分けも、時には必要です。

LESSON 22
必要以上に「好き嫌い」を出さない

人は誰しも相性が悪い相手というのはいるものです。気が合わない、波長が合わない、価値観が違う……など。

でも、合わないからといって、嫌いと決めつけ、いやだと顔に出したり、敵対視したりするのはいかがなものでしょうか？　ちょっと大人げないですよね。

完璧な人がいないのと同様、良いところが一つもないという人もいないものです。できる限り、その人の良いところに目を向けてみましょう。一つくらいあるはずです。まずは、相手を受け入れる努力をしてみましょう。

ただし、どうしても合わないと思ったら、距離を置けばよいのです。会う機会を減らせばよいのです。

嫌いな人に対して、あからさまに「あなたのことが嫌いです！」オーラを出してしまったら、あなたが損をするだけです。相手も面白くないでしょうし、関係が悪化するばかり。ここは、好き嫌いを表に出さずに、我慢です。

だからといって、相手に無理に合わせる必要もありませんし、ましてや媚びを売る必要はありません。好きでもないのに好意を持っているような素振りなどしていたら、疲れて仕方ありません。

また、嘘はどこかでばれてしまうもの。本当はその人のことを良く思っていないということがどこかで伝わってしまったら、ややこしいことになるかもしれません。

苦手な人への「大人の対応」。

それは、「NO」とはっきりいうことはせず、自分から距離を置く。これがストレスを生まない策だと思います。

苦手な相手が、自分から去ってくれる魔法

そうはいっても、本当に相手と話したくないときはどうすれば良いの？　と思っているあなた。

はい、私は、「どうしても今、この人と話したくない」とか、「忙しくてこの人に付き合っていられない」と思ったら、**「話しかけないで」オーラを出してしまう**ことにしています。

職場ならパソコンに向かい、夢中になって仕事をするとか。同じ空間にいるようなときであれば、本を読み始めるとか。意外と効果があるもので、相手の方から、去っていってくれます。

ちょっと意地悪でしょうか？　いえいえ、これも大人の方便です。

相手がこちらの意図をどこまで理解してくれているのかは定かではありませんが、**人間は感情の生き物。さすがに空気を読んでくれる人がほとんど**なのです。

ネガティブな感情を引き起こす対象とは、上手に距離をとりましょう。

LESSON 23

「怒り」は、行動を起こすガソリンになる

本章の最後に、怒りの効用についても触れておきましょう。

私が、14年間勤めた専門学校を退職したときのことです。こう、私におっしゃった方がいました。

「えっ、退職するの？　これから大丈夫？　あなた、どうやって生活していくの？」

恐らく、私のことを心配してくださっていたのでしょうが、そのとき、私の頭の中では、山口百恵さんの「プレイバックＰａｒｔⅡ」の、有名なとあるフレーズがリフレインされていました（若い方は、まわりの大人に聞いてみてください）。

私は、学生のことが大好きでした。ブライダル業界に優秀な人材を輩出したいという一心で、学生に業界のことを伝え、共に悩み、一緒に歩んできたつもりです。その学校を退職するわけですから、「退職」というのは、決して生半可な気持ちで下し

た決断ではないのです。

私のことを心配してくれているのかもしれないけれど、私という人間を、この方は全く理解されていないのだ、という怒りを覚えました。

ありがたいことに、その怒りが原動力になったのです。怒りが、私を突き動かしたのかもしれません。とはいえ、当時の私は、さほど計画性を持って何かにチャレンジしたわけではありません。退職後、本の執筆のお話や、司会の新しい取引先会場のお話などが、幸運にも私の元にタイミングよく舞い込んできたのです。

私のモットーは、「チャンスの神様には前髪しかない」です。だから、こうした新しいお仕事の依頼に「ありがとうございます！」と感謝しつつ、願ってもないチャンスと受け止め、すぐに次のステップに進みました。

こうして、今に至るわけですが……、怒りの感情は、負の感情とだけとられがちですが、こうして、大きなガソリンになることもあるのだということを身をもって学びました。

私たちはどんな感情も乗りこなし、味方につけることができるのです、

3

いちいち「悩まない人」の考え方

――クヨクヨ、モヤモヤを引きずらないテクニック

LESSON 24

「感情が安定している人」の中にあるただ一つの指針

感情を安定させるためには、できる限り「悩んでいる時間」を減らすこと。つまり、自分にかかっている負担やストレスを、上手に減らすことではないでしょうか。

実は、感情の整理がうまい人は、行動と考え方が、相手軸ではなく、常に自分軸。つまり、**何事も「自分がラクになるように動いている」のです。**

やらなければならないことが山積みだったり、人との関係がギクシャクしていたりすると、精神的に不安定になります。いわゆる「いっぱいいっぱい」の状態です。

私たちがメンタルを穏やかに保つには、この状態をとにかく避けることです。

そのためには、**優先順位をつけて、手放せるものはどんどん捨てていきましょう。**

とはいえ、実はこれがとても難しい。

今、特に、仕事でメンタルをやられている人がとても多いといわれています。

ここは、冷静になってみましょう。

人を頼れるようになる練習

仕事において「いっぱいいっぱい」になっている人。それは、本当にあなたがやらなければならないことでしょうか。あなたしかできないことでしょうか。ある程度のところまで整理したら、他の人に投げることができないでしょうか。あるいは、手伝ってもらうことはできないでしょうか。

仕事と家事・育児との両立は、本当に難しいと思います。子育てしながら働いている方には、尊敬の念に堪えません。ですが、すべてを一人でこなすのは至難の業。少しでも家族に手伝ってもらう。または、誰かを頼る環境を作ってみてもよいのではないでしょうか。

もちろん、そう簡単にはいかないことも多いと思います。

ゆっくり、徐々に、で良いのです。あなたにしかできないことを残して、その他のことは少しずつでも手放していくという作業をしていくと、今よりラクになっていくはずです。

また、ギクシャクした人間関係に「いっぱいいっぱい」になっている人。**その問題は、とりあえず放っておくという手段もありますよ**。無理に相手に近づかず、一時距離を置く、ということです。

あなた一人がどうにかしなければならないと思い、「話し合いましょう」なんて持ちかけたら、時間と労力がかかるだけです。しばらく放っておいても、大勢に影響はありません。

「いい加減」くらいがちょうどいい理由

何事も、生真面目に考えすぎないこと。生真面目に考えすぎると、自分をラクにするのが、俄然、難しくなります。たまには手を抜いて、ポイントを押さえて行動する。このコツをつかむと、だいぶラクになるはずです。

本書では、そのコツを、具体的な私の経験も織り交ぜながら、皆さんにご紹介していきます。すべてを取り入れる必要はありません。「これなら、できそう」というものから、試してみませんか？

ラクになると、心に余裕も出てきて、感情が安定し、多少のことではイライラせずにすみます。そうなると、物事は思いのほか好転していくはずです。

私たちが、つい「いっぱいいっぱい」になったとき、すべてをこなすことに注力するのではなく、考え方を変えて、どう手を抜くか、どうすればラクになるかを考えて、行動してみましょう。

「どうしたら、自分がラクをすることができるか」と考えて行動するのは、何だか不真面目な気がする？

いいえ、それは決して不真面目な行動なんかではありません。あなたがイライラしたり、クヨクヨしたり、不安定な感情でいる方が、他者に及ぼす負の影響が大きいのです。

あなたの情緒が安定し、ハッピーに過ごせると、ただそれだけで、周りの人も、穏やかにハッピーに過ごせます。そのことを、どうか忘れないでくださいね。

LESSON 25

人が「ラクな状態でいられるとき」の三大原則

前項の続きです。

人がラクな状態でいられるときは、どんなときでしょうか。

それは、**「無理なくその人らしくいられるとき」**だと思います。

私は、3つのポイントがあると思っています。

1 ありのままの自分でいる

つまり、感情の整理がうまい人になるまず一つめのポイントは、背伸びせず、等身大の自分、ありのままの自分でいることです。

よく見せたい。認められたい。仕事ができると思われたい。上手だとほめられたい。いい人だと思われたい。

内心、こんなことを考えていたら、いつも背伸びをしなければなりません。自分を苦しめるだけです。**焦らなくても大丈夫、評価は後からついて来ます。**

私が、司会の仕事において、とちってしまったり、ミスをしたりするときは、大体、自分の力を過信しているとき。上手く見せたいなどという邪念を抱いているときです。

純粋に気持ちを伝えたいと思っているときほど、良い司会、人の心に響く司会ができるものです。

また、専門学校で教えていた頃、良い先生でいたいとか、学生から良く思われたいと思っていた在勤当初は、学生からの評価は散々なものでした。学生に寄り添って、私らしく接してみようと開き直ったときに、初めて学生たちと心が通ったように思います。

2　ため込まない、抱え込まない

次に、ため込まない、抱え込まないことです。自分にかかる負担・負荷をどんどん手放していきましょう。どうせ一人ではこなしきれないのです。人を頼ってみる。人を巻き込んでみる。手伝ってもらう。自分を身軽にすることです。

私は、細々とですが、会社を経営しています。が、完全な文系なので、数字にはとても弱い方です。では、会社の経営はどうしているのか？　実は経理面に関しては、何でも相談できて頼れる、税理士の先生がついているのです。

ちょっとでもわからないことがあったらすぐにご教示いただき、いつもアドバイスを受けながら運営しています。たまに、これくらいは自分でやらないと……と思って慣れない仕事に手をつけようとすると「しのぶさん、私に任せてください」と心強いお言葉。この先生のおかげで、どうにか会社が成り立っていますし、私は、本来の仕事やマネジメントに集中できるのです。

できないことは、どんどん人を頼ってみる。これも、心に余裕を持たせるポイントです。

3　長い目で考える

3つめは、「点」ではなく「線」で捉えてみること。

タスクとストレスを抱え込んで身動きできなくなったり、人間関係において孤立したりしたときなど、どうして自分だけこのような思いをするのだろうとか、何でこんなに私だけ苦しまなければならないのだろう……と考えてしまいがちです。そしていつまでこの状態は続くのだろうと思い悩むこともあるでしょう。

過去に起きたことを考えてみてください。去年の今頃の悩みを、あなたは覚えていますか？　当時、抱えていた苦しみは、ず〜っと続いていますか？　仕事は減らせないままですか？　人間関係において、本当に孤立したままですか？

人生、良いときばかりではありませんが、苦しい状態から抜け出せないままでいることも、またありません。必ず、どこかで解放される瞬間があります。良いときばかりではないのと同じように、最悪の状態というのも長くは続かないものです。

また、ピンチはチャンスというように、人間関係において、あるコミュニティでは人とのつきあいがうまく行かなかったかもしれませんが、環境を変えたら、新たに気の合う人と出会えるかもしれません。

今の仕事があまりにもつらいので、転職を考えたら、その先にあなたが本当にやりたい仕事が待っているかもしれません。

「次のステップ」への流れを作る法則

私自身、それを痛感した出来事があります。

私が専門学校で14年間、講師を務めたことは、前述しました。後進の育成に全身全霊をかけて取り組んだ、充実した14年間でした。

しばらくは、学校にお世話になるつもりでしたし、学校側もそれを望んでくださっていました。しかし、学校も組織です。色々と体制が変わり、残念ながら、指導方針において、学校側と私の間に齟齬《そご》が生じてきたのです。

だからといって辞めるのは、組織人としては勝手な行動ではあるのですが、当時の私は八方塞《ふさ》がり。この環境では、自分が目指している指導ができないと考え、退職を決意するに至りました。

そんなときに、偶然にも数年ぶりに、以前お世話になった出版プロデューサーの方からご連絡をいただきました。そして、**「また本を書いてみませんか？　しのぶさんのような知見をお持ちの方を探しているのです」**と言われたのが、今のように本格的に執筆活動をすることになったきっかけです。ちょうど退職する寸前のことでした。

司会の仕事は続けており、夫と一緒にプロダクション業務もしておりましたので、学校にフルタイムで勤務していたら、到底できないだろう本の執筆というお話。

「はい！　喜んでお受けします」

即答でした。

専門学校を退職したことは、志《こころざし》半ばのようで、当時は100パーセント本意ではありませんでしたが、今となっては何かの導きであり、自分はこのような運命だったのかなと思います。

専門学校において後進の育成に携わったことは、貴重な経験であり、私にとって大きな財産となりました。未熟な私を起用してくださった学校関係者の方々には深く感謝しています。

「禍《わざわい》を転じて福と為す」「人間万事塞翁《ばんじさいおう》が馬」という言葉があるように、人生には良いこともあれば悪いことも起きます。

物事を「点」ととらえて一喜一憂するのではなく、鷹揚に構えて、「線」ととらえることができたら、だいぶラクになるのではないでしょうか。

まず、自分のために動いてみる

この三大原則から離れないようにすれば、おのずと「安定感のある人」に近づいていき、ラクに生きることが出来るようになります。

「安定感のある人」になりたいと思ったら、まずは、この三大原則を実行・実践してみてください。「安定感のある人」を目指すというより、あなた自身が、ラクをするために実践してみてください。

LESSON 26

つい「抱え込んでしまう」クセから脱出する方法

メンタルに不調を抱えている人は、今、本当に多いといわれています。クヨクヨを引きずってしまう人、つい気にしすぎて悩んでしまう人、自分で自分を追い込んでしまう人を、私の周囲でもお見かけします。

本章では、そうした人への、私なりのアドバイスをお伝えしてまいりましょう。

感情の整理がうまく、安定感がある人は、ストレスを抱え込みません。クヨクヨと悩まないので、自分をラクにすることが上手です。

例えば、仕事を引き受けるとき、そのときの自分の仕事量や状況を考え、余裕を持った期限を設け、伝えることができます。その場で相手の都合に合わせた振る舞いをすることで、自分が振り回されないようにする術を知っているのです。

相手がどんなに急いでいても、こちらの状況を伝え、可能な限り努力する姿を見せさえすれば、多くの場合は納得してもらえます。

つい、その場しのぎの答えを出してしまう人

一方、仕事の依頼を受け、期限を問われると、「明日には回答します」「2～3日中に提案できると思います」などと安易に答えてしまう人がいます。

実は私も若い頃は、よかれと思って、そのような答え方をしていたと思います。ただ、**こんな伝え方をすると、自分の首を絞めてしまうことになる**、と経験を積んで学びました。

本当は他の仕事にも追われ余裕がないはずなのに、相手を目の前にすると、何とか期待に応えようと、ついそのように答えてしまう。気持ちはよ～くわかります。

また、そのときは本当に頑張るつもりで、努力すればできるだろうと思ったのだけれど、思いのほか時間がかかってしまい、結果的に提示した日にちに間に合わなかった。状況はよ～くわかります。

「明日には回答します」とか、「2〜3日中に連絡します」というのは、相手に安心してもらいたいから。また、こちらの熱意や努力を伝えたいからですよね。

ただ、この言動は、残念ながら命とりになりかねません。ビジネスにおいて、人間関係において、良好な関係を保つために大事な要素の一つは、約束を守ることです。

「明日、回答します」と言って、明日回答できずに、明後日になってしまった。「2〜3日中に」と言って4〜5日経ってしまった。この「1〜2日遅れる」というちょっとしたことの積み重ねが、不信感につながってしまうことがあるのです。

そして**1〜2日遅れるというのは、相手にとってはちょっとしたことではないの**です。相手は、待っている。相手を待たせているのですから、期限を守れなかったことは、あなたに期待を寄せていた相手を、がっかりさせてしまうことにもなりかねません。

そして、相手をがっかりさせてしまうだけではなく、**自分のメンタルが落ち込む最大の原因になることもあります**。「あ〜、またやってしまった……」という思いがストレスになり、そのような事例が2件、3件と重なってしまうと、どんどん精神的に追い込まれていってしまうのです。

私自身もこのような経験があるからこそ、こうお伝えしたいのです。

ここは冷静に、期限を守る、約束を守ることの大切さを、今一度認識しましょう。

そして、期限や約束を守るにはどうしたら良いか、考えましょう。

まず、期限を設ける役割をこちらに委《ゆだ》ねられている場合には、**少し余裕を持って設定すること**です。

また、相手から期限を設定された場合、**無理だと思うときには、率直にその旨《むね》を伝え、可能な時期を伝える。その作業を惜しまないこと**です。

常に「バッファ」をとりましょう

私は、もともと安請け合いしてしまうタイプでしたし、先延ばしにしてしまう悪いクセもあります。

それを自分で認識しているので、こちらに期限を委ねられた場合には、少し余裕を持ってお答えするようにしています。ギリギリの日にちを設定してしまったら、約束を守れない可能性があることをわかっているからです。

また、返事をしたり資料を作成したりするのに、一週間は要すると考えたときには、**「一週間お時間をいただきます」**または**「一週間後にはご連絡いたします」**と伝えます（ちょっと姑息《こそく》な手段ですが）。

なぜなら、「一週間以内にご連絡いたします」では、相手は次の日から待ってしまうからです。人間の微妙な心理ですが、私が相手側だったらそのように思ってしまうという考えから、そんな伝え方をします。

「一週間後にはお送りします」と言って、2〜3日後に送られてきたら、相手は「早々にありがとう！」というふうに受け止めてくれるのです。

いささか作為的ではありますが、これも大人のテクニック。自分の感情を安定させる手段の一つです。

こうした、自分をラクにさせてくれる知恵は、どんどん使っていけば良いと思います。

LESSON 27

「今、決める」で、クヨクヨのスパイラルを断ち切る

仕事ができる人は、決断が早いとよくいわれています。

早いだけが良いとは限らない場面ももちろんありますが、大方の場合において、決断・判断は早い方が良いのです。

「いつやるか？　今でしょ！」という言葉は誰もが知る予備校講師であり、テレビでも活躍している林修氏の言葉ですが、決断するにおいても、まさに「今でしょ！」。

「今、決める」ことで、クヨクヨ・モヤモヤを引きずらなくて済むと思うのです。

ちなみに、人と会う約束をするときに、あなたはすぐに日程を決めるタイプですか？

私は、こういうとき、できる限り早めに日程を決めるようにしています。

というのも、仕事の予定はどんどん埋まっていきます。予定が入るかもしれない

から、とプライベートの日程を決めるのを先送りしていては、いつまでたっても日程は決まりません。

忙しいときにこそ、決められる日程は先に決めてしまうことです。そして、一度決めたスケジュールは、余程のことがない限り、ずらさないようにしています。

司会の仕事を始めた頃は、友人と約束をしていても、仕事が入ってしまったから、と、ドタキャンしてしまうことが多々ありました。自分が幹事をつとめていた食事会に出席しなかったことさえあります。今、考えると、友人には迷惑をかけたと反省しきりです。

その頃の私に足りなかったものは、何か。優先順位を決められなかったこと。また潔さがなかったこと。

結婚披露宴の司会の仕事は、主に土日です。ですから、今は、土日と金曜日の夜にプライベートの予定を入れることはほとんどありません。予定を決めるときに、たとえ土日が空いていても、いつ仕事が来ても良いように、あらかじめ空けて備えています。

また、相手から「土日が都合が良い」といわれても、それだけはお断りするようにしています。以前のように、一旦、受けておいて、後で「仕事が入ったから」とお断りすることが、とても失礼であると学習したからです。

そして、万が一、約束した日に仕事が入りそうな場合は、そこは仕事を受けないようにしています。

先に決めたスケジュールを動かさないことを徹底させると、スケジューリングもだいぶラクになります。何事にもこの要領で予定を立てていくと、祝賀会や式典などパーティーに招かれたときにも早く返事を出すことができます。

何事も、決断するときに時間をかけない。悩まない。

決断するときには、優先順位と潔さ。私はこれをモットーにしています。

LESSON 28

「この断り方」で、上手に意思を伝える

人との関係において、一番大切なのは「誠実であること」だと私は考えています。

特に、誠実さが問われるのが、何かを断るとき。

例えば、仕事の依頼を断るとき。「お受けできません」という言葉だけでは、あなたの真意は伝わりません。

ぜひ受けてみたい仕事なのだけれど、スケジュールが合わないのか、自分には荷が重い仕事なのでお断りしたいのか、理由はさまざまだと思います。その辺りを誠実にうまく相手に伝えることができたら、お互いのストレスが減ることになり次にもつながると思います。

「ぜひお受けしたいのですが、その日はあいにく予定が入っておりまして……」

「ありがたいお話ですが、私には少し荷が重い仕事です」

あなたの気持ちをストレートに伝えることは、失礼ではありません。相手は、その状況がわかれば、それなりに対応してくれるはずです。日程が合わないのであれば、日程を変更するかもしれません。荷が重いというなら、次回はそのような仕事を依頼してこないでしょう。

断るときにあやふやな言い方をしたり、言葉足らずだったりすると、誤解を生むことにもなります。**少しだけ伝え方を工夫することで、お互いにとてもラクになります。**

時には〝背伸び〟することも大事

また、仕事を依頼されたり何かを頼まれたりするとき、多少難しいと思われる仕事でも、私は「喜んでお受けします」と言うようにしています。仕事を依頼されることを私は本当に嬉しく思いますし、何かを頼まれることは私を頼りにしてくれるということだと思うと、私ができることは喜んで何でもしようと思うからです。また、それまでしたことのない仕事でも、私に依頼してくださるということは、私ならできると思ってのことだと考え、少し背伸びしても努力しようと思います。依頼する側に立てば、快く引き受けてもらった方が、気持ちも良いはずです。

ただ、本当に自信がない時、到底受けられそうにない時は、その思いや状況を、しっかりと相手に伝えるべきです。

日本人は、イエス・ノーをはっきり言うことが苦手だといわれています。仕事を依頼されたときにすぐに答えを出さずに、「検討させていただきます」とか「少しお時間を頂きます」「調整させて頂きます」など。それは、不可能と思えるものでも、できる限り努力してみるとか、調整してみるという姿勢をとるからだと思いますので、決して悪いことだとは思いません。

しかし、**より相手に具体的に状況を伝えることが必要**です。**「この点において懸念されるので、検討します」**とか**「人員を確保できるか調整が必要なので、〇〇までに回答します」**など。

どこに問題があってどのような対策をするので時間を要するなど、明確に伝えることで、相手も安心しますし、ストレスなく待つことができます。

人は何を考えているのかわからない相手にイライラしたり、不信感を抱いてしまうものです。どんなときも正々堂々と、相手と向き合うことで誤解のない、良好な関係が築けていけるものだと思います。

LESSON 29 はっきり言えない人への処方箋

もしあなたが、いつも何かを抱え込んでしまい、不安感に駆られたり、落ち込んでしまったりしがちだとしたら、その原因は何でしょう？　弱点は何でしょうか。たとえば、断るのが苦手。頼まれたらつい、力にならなくちゃ、と思ってしまう。というところではないでしょうか。

相手との関係を気にし過ぎて、はっきりと断ることができない。自分の気持ちをうまく伝えて、自分のペースに持ってくることができない。安請け合いしてしまう。というところがありませんか？

人は対等なのです。相手に気を遣い過ぎてとった言動が、結果、相手に不快な思いをさせたり、時には怒らせてしまったりしたら、元も子もないのです。

そして、それは相手への配慮でも気遣いでもなく、その場しのぎの行動にしか取られなくなってしまいます。

相手から良く思われようとか、余計なことは考えないことです。常に等身大の自分でいることを保てれば、自分に無理な課題を課さなくて済むのです。

と、同時に、相手に今の自分の状況をしっかりと伝えましょう。

私は、司会のプロダクション業務を行っていますので、タレントとして所属している司会者に仕事を依頼する立場です。

皆さん、それぞれ予定がありますので、すべての仕事を受けられるわけではありません。

こういうとき、**一番仕事を依頼しやすいのは、イエス・ノーがはっきりしている司会者**です。そして、はっきりとイエス回答ができない場合には、彼らはこう答えます。

「これこれこういう状況で、この時間までは体が空きません。が、○○時以降であればお受けできます。ぜひお受けしたいので、ご調整いただけませんでしょうか?」

こんな言葉を言われたときには、こちらも「ぜひ仕事をお願いしたいので、事務所として先方に、何とかお願いして調整してみよう」という気になるのです。

本来は、ただ単に、「申し訳ありません。お受けできません」だけでも良いところですが、**「ぜひ仕事を受けたい」という熱い思いを伝えられたら、何とかしようしてあげたい、と思うのが人情です。**

私自身は、ニュートラル、公平でいることをモットーにしていますが、基本的に仕事というものは、思いが強い人に託《たく》されていくものです。

私自身が、一司会者としてプロダクションに所属し、仕事を依頼される側にいたときに、まさにそのような姿勢で、一本でも多く仕事を受けることができるように努力していました。

仕事をしたい、仕事が欲しいと思ったら、その気持ちをうまく伝えてお願いしてみることです。予定が合わないから仕事がもらえなかったでは、私は仕事においての成長はないと思っています。特に司会の仕事は、経験がものをいう仕事ですから。

司会者としての仕事の仕方に関しては、ちょっと熱くなってしまいます（笑）。

LESSON 30

「ため込まない」――実はこれが一番大事

私は、計画性を持って事に臨むことが一番苦手です。ですから、これまで帳尻《ちょうじり》を合わせることを得意とし(笑)、追い込まれてから片付けるタイプでした。まさに、小学生時代の夏休みの宿題のように。

が、年を重ねるにつれ、追い込まれてから片付けるのは、精神的にも体力的にも、きつくなってきました。例えば、原稿であれば、締切間近に徹夜をして間に合わせたりは、以前はよくあることでしたが、今はやりません。徹夜は体力を消耗します。健康にも美容にも良くありません。また、精神的にも常にモヤモヤとして、スッキリしません。今、考えると、徹夜での仕事は、執筆活動以外の仕事にも、知らず知らずのうちに悪影響を及ぼしていたような気がします。

時間は、作り出すものです。そしてそれは、どんなに忙しくても、意識の持ちよう、すなわち感情を整理することで、可能になります。

いやだいやだ、できないできないと逃げていては始まりません。感情を落ち着かせ、心を律して、できるところから手をつけてみる。ざっくりでいいので、計画を立ててみる。その仕事に向き合う時間を作ってみる。少しずつ手をつけてみる。そうすることで、片付けなければならない分量がわずかずつでも減っていきます。

掃除と同じではないでしょうか。汚れた部分を見つけても、後でやろうと先延ばしにしていたら、どんどん汚れていきます。見つけたときにすぐに拭き取ったり、取り除いておけばきれいになるのに、時間の経過と共に、落としにくくなって、こびりついてしまい、汚れが広がってしまう。まさに、塵《ちり》も積もれば山となるのです。

仕事も一気に片付けるよりも、少しずつ手をつけて、コツコツこなしていくことが大事です。そうすることで、精神的にも落ち着きます。

調子の良いとき、あるいは乗ってきたら、こなせる分量も増えていくでしょう。手つかずの状況では、億劫になるだけです。まずは、手をつけてみましょう。それは、意識の持ちようで、変えることができると思います。

LESSON 31

自信がなくて不安なのは、みんな同じ

あなたは自信がありますか？　そう聞かれて、「はい。自信があります」と即答できる人は、相当の自信家さんですね。

アスリートなど、勝負の世界で生きる人が、「必ず優勝します」「勝つ自信があります」と口にすることがありますね。おそらく、それは、有言実行！　声に出すことによって、自分を鼓舞《こぶ》しているのだと思います。

言葉にはパワーが宿っています。そして、言ってしまったのだから、やるしかない！　と、勝たざるを得ない状況に自分を追い込んでいく。勝つ努力をするのでしょう。**逆にいうと、多くの人は、自信を持てないでいるのだと思います。**

自分から「自信がない」と言ってしまったら、何も始まりません。あえて口にする人は、厳しい言い方をすれば、何となく前を向いていないような印象を人に与えます。本当はできる力があるかもしれないのに、何となく逃げている。誰かと勝手に比べて、自分を卑下してしまっているようにさえ見えてしまいます。

自分で「自信がない」と言ってしまうことには、損なことばかりなのです。

「自信がない」と自分でいうのを封印してみる

大丈夫、自信があるように見える人も、実は自信がないのです。**「自信がない」と言う前に、とりあえず、全力を出してみましょう。**

人と比べなくて良いのです。自分の力で、できるところまでやってみる。

人は人。自分は自分。余計なことは考えないことです。

自分にはできないかもしれない。荷が重い。自分は、そんなことができる人間ではない……。マイナスのことを考えたらキリがないのです。やれるところまでやってみよう！　心配しないで、誰もあなたに完璧を求めていません。

もっと気楽に、シンプルに考えてみませんか？

LESSON 32

緊張した場合の克服法

人前で話すとき、試験を受けるとき、発表するとき、初めて人に会うとき、大事な商談に臨むとき、などなど、普段の生活において、緊張を強いられる場面があります。

あなたは、緊張をしたとき、どのように克服していますか？

私は、人前で話す仕事をしていますが、実は、マイクを持って第一声を発する直前までかなり緊張します。長年の経験から、第一声を発してからは落ち着きますが、それまでは、大変です。特に、結婚披露宴の司会のときには、ミスをしたら、新郎新婦、両家に多大な迷惑をかけることになりますので、それを考えると極度な緊張状態に陥ります。

そもそも、人はどうして緊張するのでしょうか。

見られている、注目されているということを意識し過ぎて、失敗したらどうしよう。笑われたらどうしよう。声が出なかったらどうしよう。震えている姿に気づかれたらどうしよう。

実は、とても自意識過剰になっているのです。また、良く見せたい、うまく話したい、などの邪念《じゃねん》も、緊張を増長させるように思います。

いい司会ができるとき、できないとき

私は、司会のときには、うまく見せたいとか、自分がどう見られるかなどという余計な感情を捨てて、とにかく正確にミスのない進行をすることに集中します。

もちろん、発声や抑揚をつけて話すなどということは基本ですので、押さえておかなければならないことですが、そこは今までトレーニングしてきた自分を信じて、臨みます。そして、できる限り、邪念を捨てて、集中力を高めて、正確に話すように心がけます。

また、**「自分がどう見られるか」ではなく、「相手にどう伝えるか」ということに**

重きを置いて話すようにします。そうすると、自然と、ゲストの顔を見ながら語りかけることができ、口調もゆっくりと落ち着いたペースになってきます。

緊張を克服するときにも、感情を整理する力が必要になってきます。緊張のため昂《たかぶ》る感情を抑え、余計なことを考えない。

人と会うときであれば、普段通りの自分を見てもらうことにつとめ、発表するシーンでは、とにかく準備して来たものを正確に伝えることにつとめ、試験を受けるときには、集中力を高めて臨む……などでしょうか。

平常心を保つことはとても難しいことですが、邪念を捨てて、開き直り、図太い精神でことに臨むことが、より良い結果を生むことにつながると思います。

LESSON 33
いつだって、「リセット」してやり直せる

どんなときにも感情を整理して、穏やかな気持ちで、いやなことがあっても引きずらないことが大事です。が、そうはいっても人間です。引きずることもあるし、泣き叫びたくなることもあります。

そんなとき、私がいつも心がけているのが、**「リセット」**です。

過去は消せません。負の感情を持っていた自分も、自分です。

でも、それに気づいたときに、**人はいつでも変わることができる**のです。

昨日の自分に嫌気がさしたら、今日からがんばれば良いのです。今日から努力すれば良いのです。今まで生きてきた自分が好きになれないなら、今日から変わる努力をすれば良い、自分を好きになれる努力をすれば良いのです。

私は、**機械と同じで、人もいつでもリセットできるもの**だと信じています。

「まず、行動」で先延ばし根絶！

それには行動すること。まず、手をつけてみることです。

部屋がなかなか片付かなくて、何となく毎日モヤモヤ・イライラ。できるところから片付けていけば良いのです。いきなり、トイレ掃除にお風呂掃除にキッチンを磨いて……なんて考えているといつまでたっても片付きません。

まずは、自分が仕事をするデスク回りを整理する。**片付けようと考えた日は、その一か所だけでも良い**のです。仕事がしやすくなったらそれだけで、気分はいくらか晴れます。

次は、毎朝着る服を探すことになるクローゼット。要らない服を処分したり、ヘビロテする服を取り出しやすいところに置き換えたり。これでまた一つ、ストレスが減ったことになります。

これを日々、増やしていけば、部屋も徐々に片付いていくでしょう。

仕事も同じ。**まずはできることから、簡単に処理できる仕事から片付けていく。**難題は後にしても良いのです。やるべきことを減らしていけば、最後、時間をかけて難題に向き合うことができます。

クヨクヨする前に、まず行動。モヤモヤ・イライラしたら、また行動。最初から完璧を目指すのではなく、小さなことから、すぐにできることから、片付けていく。この習慣を身につけるだけで、日々の生活はだいぶ変わっていくことでしょう。

LESSON 34

本当に「どうしても何も手につかない」ときには

今まで、自分が落ち込んでしまったときに、いたずらに悩まずに行動するにはどうしたら良いか、という感情の整理術を考えてきました。

しかし、本当に精神的に不安定だったり、体調も優れなかったりしたときには、クヨクヨしても仕方ない！

そうすっぱりあきらめて、潔《いさぎよ》く寝てしまうことです。

ある意味、無謀ですが、手につかないものはしようがないのです。モヤモヤ・イライラ・クヨクヨしている時間がもったいない。

たくさん睡眠をとって次の日に朝から仕事にとりかかった方が、よほど効率的だと思います。

時間を無駄にしないことです。手につかないときは集中力を保つことができませんから、いくら粘《ねば》って無理にデスクに向かってもことは進まないでしょう。

また、じっとしているより、散歩に出かけたり、ストレッチをしたり、体を動かすのもよいかもしれません。体を動かすことで、何かが発散できることは多いものです。

あるいは、コーヒーブレイクにしてみる。目が覚めたり、頭がクリアーになったり、ポジティブな効果が期待できると思います。

自分が行き詰まったときに、どのようなことをすればリカバリーできるのか、ベストな方法を探しておくのが、良策ですね。

4

「リカバリーと立ち直りが早い人」になる技術

――「考えすぎて動けない」をなくすヒント

LESSON 35

切り替えが苦手な人への処方箋

感情をコントロールしなければならないのは、ミスをしてしまったときも同じです。基本的に、私たち司会者というのは、絶対に失敗が許されない職業です。自分のミスに気がついたときというのは、どんなに経験を積んでいても、一瞬、頭が真っ白になります。

とはいえ、頭が真っ白という状態は、一瞬で終わらせなくてはなりません。**私の場合、次の瞬間には、「さあ、どうリカバリーしよう！」と切り替えて、対策を考えます。司会の場合でしたら、ミスをしたら気がついたときに、即座に訂正するというのが鉄則**です。この場合のミスというのは、たとえば、名前や肩書きを間違えて紹介してしまった、進行の順番を間違えてしまった……などがあげられます。

もちろん、本来はあってはならないことなのですが、残念ながら、人間ですから、ミスは起きてしまいます。そのときに「ミスをしてしまった」という過去の出来事を嘆《なげ》き悲しみ、落ち込んでいたのでは、何の解決にもならないのです。

気持ちを切り替え、ベストに近い方策を考え、実行しなければなりません。

本章では、私が司会の仕事で培った経験も交えながら、リカバリーが早い人になるヒントをお伝えしていきます。

人間はミスする生き物です。しかし、それを糧にすることができる生き物でもあります。ミスとの上手な付き合い方を知ることで、感情の立て直しが早い人になってほしいと思います。

まずは、深呼吸で気持ちを整える

私の場合、自分のミスに気づいたら、気持ちを落ち着かせるために、まず深呼吸。

声を使う仕事柄、人は緊張したり不安になったりすると、呼吸が乱れるということを、私はよく知っています。やはり、感情を整理する上で、深呼吸することはとても効果的です。

そして、どうしたら、出席者に納得していただけるか、結婚披露宴の場合には、新郎新婦や両家に恥をかかせずにすむかを考えます。

すると、おのずと答えは出てきます。間違えたことをお詫びする。すぐに訂正して、正しい形で紹介する。ただこれだけです。

私たちが、つい〝思考の堂々巡り〟を始めるとき

こんなシンプルなことなのですが、ミスをしたとき、人間の心理として、ミスをしたのは自分だけのせいではない。あるいは何かの不可抗力がかかったからだ……と、自分を擁護《ようご》するような考えが頭をよぎるのです。

そんなことを考えていると、ここでわざわざ謝らなくても良いのではないか。もしかしたら気づいている人はいないかもしれない。声を上げて訂正したことで余計にミスが目立ってしまうのではないか……などといった、ぐるぐるとした思考の堂々巡りが始まります。なんと浅はかな考え方でしょう。でも、往々にしてこのようなことは起こり得ます。

私自身、司会者としてデビューした頃は、マイクを通して謝るのが本当に正解なのか、と迷ったことがあります。ごまかそうとしたことがあります。ただ、私は司会の師匠でもある夫から、**「どんなことがあってもマイクを通して訂正するように」**という教えを叩き込まれていたので、幸いごまかすことはせずにすみました。

残念ながら、司会という仕事において、ごまかしてしまったり、訂正しなかったり、時にはお詫びもしない、というケースは散見されます。本来はあってはならないことです。

ですがこれは、司会の仕事に限らず、日常の生活や仕事においてもいえることではないでしょうか。これくらいはわからないだろう、わざわざ謝るほどのことではないだろう、と考えてミスを隠蔽しようとする。心当たりのある方は、意外と多いはずです。

しかし、**ごまかすことで結果的には、自分自身がストレスを感じますし、ミスが明らかになったときには、信頼を損なうことになります**。ピンチのときにこそ感情を整理し、切り抜ける力をつけて、「安定感のある人」を目指してみませんか？

LESSON 36

失敗が「怖くなくなる」考え方

結婚披露宴で司会をする私たちは、「絶対にミスはできない」という心構えで、本番に臨んでいます。なぜなら、結婚披露宴という場は、一生においての一大イベント。お二人の門出となる、晴れの日だからです。

そして、もう一つ、正確に披露宴を行わなければならない理由があります。披露宴とは、大勢の人たちが一堂に会する非常にまれな機会。つまり、その披露宴に出席したメンバー全員が次回、集まることは、ほとんど不可能に近いのです。**ですから、万が一ミスをしたら、その場で即、謝らなければなりません**。そのときに謝らなければ、出席者の皆さんが全員いるときに謝ることができる場所は、もう二度とないのですから。

かなり前のことですが、私が代表を務める事務所に所属している司会者が、新婦が卒業した学校名を間違えてしまうというミスをしてしまいました。

言い間違えたら即、お詫び。即、訂正。これが、私共、仟言流《せんげん》の教えです。その司会者は、デビューして間もない若い司会者だったこともあり、我々の教えを律儀《りちぎ》に守ってくれました。

自分が間違えたとわかった瞬間に、大きな声で訂正を入れたのです。そして、頭を深々と下げました。

その様子を見ていらした新婦のお母様は、こうフォローしてくださいました。

「ミスはミスだけれど、まあなんて深々と頭を下げて……。気づかない人もいたのじゃないかしら？　**本当に誠実なお嬢さんね**」

その司会者は、新婦と同じ世代の若い司会者でした。お母様としては、娘を見るようなあたたかい目で見守ってくださったのだと思います。

ミスをしたにもかかわらず、親御様から気に入っていただいたその司会者は、数年後、新婦の妹様の結婚式の司会も、つとめることになりました。ご両家からのご指名でした。

失敗をした式から数年を経ていましたから、若い彼女もそれなりに成長しており、本人としても、納得のいく司会ができたようです。ご両家に、とても喜んでいただけたとのことでした。

その司会者にとっては、何ともありがたい話であり、彼女も一生忘れられない披露宴だと、今でも話しています。

人は、ミスを糧にして成長することができるのだ。そして、ミスをした後の対応次第で、かえって人からの信頼を得ることができるのだ。

そんな、大事なことを改めて実感した、感動的なエピソードです。

LESSON 37

反省はするが、自分を責めすぎない

まず、基本的に、人間である以上、ミスはしてしまうものだととらえてください。

私たちは、日々の生活の中でさまざまな失敗をします。例えば、電車に乗り間違えてしまった、友人との待ち合わせを忘れてすっぽかしてしまった、転んでケガをしてしまった、新しい料理に挑戦して失敗してしまった、料理の入ったお鍋を引っくり返してしまった、人の名前を間違えてしまった、忘れ物をしてしまった、大事にしていたアクセサリーをなくしてしまった。

ビジネスシーンなら、提出期限を守れなかった、会議で発言できなかった、うっかり失言して仕事相手を怒らせてしまった、寝坊して遅刻してしまった……など。挙げたらきりがありません。

失敗したら、まずは素直に反省すべきです。そして、ただ落ち込むばかりではなく、何が原因だったかをきちんとチェックしましょう。

「対策」をして、次に生かす

もし、度々寝坊してしまうようであれば、生活リズムや体調に問題がある可能性があるでしょうし、連絡することをいつも忘れてしまうのであれば、忘れないように対策することが必要です。

プレゼンがうまく行かなかったのであれば、準備が足りなかったのか、あがり症で緊張してしまったことに原因があるのか。

何度も同じ失敗をするのは、何となく原因を解明することから逃げていることが多いのではないでしょうか。

きちんと原因を追究して、同じことを繰り返さないような対策を取る努力をすれば、そう落ち込むことはありません。自分を責めすぎないことです。

繰り返しますが、人は失敗するものです。ただし、**その人の真価が問われるのは、失敗した後の対処**です。

私はミスをしたり失態をおかしたりしたときには、すぐに気持ちを切り換えて対処を考えます。

「まずい！ どう乗り切る！ どうすればおさめることができる？」と、必死で頭を回転させます。

どうしたらリカバリーできるか。何が原因だったのか。落ち込む前に、考えるようにしています。これは、司会の経験から得た教訓です。原因がわかると、「次に生かそう」と前向きな気分になれます。

自分を責めすぎてしまうタイプの人は、意外と、この作業の大事さを見逃していませんか？

失敗は、誰でもしてしまうものなのです。仕方ありません。ただ、残念なのは、同じ失敗を繰り返してしまうこと。そうすると、「あ〜、また失敗してしまった。自分はなんてダメなのだろう」と落ち込んでしまいます。

自分を責める前に、改善策を考えていきましょう。**落ち込む前に、動くこと**なのです。

LESSON 38

「何をどうすればいいか」から目をそらさない

142ページで、ミスをバネにして飛躍した、若い司会者のエピソードをご紹介しました。

反対に、何かミスを犯したときに、リカバリーが苦手な人がいます。

相手に向き合って謝罪したり、状況を正確に伝えることができずにいたりする。そうすると、相手との関係はギクシャクしたままです。そして、お互いに誤解したままの関係が続くと、溝を埋めることが難しくなってしまいます。

本来は、やる気も能力もある人なのに、相手からそれが見えなくなってしまう。すると、評価されないために自信をなくし、自己肯定感まで低下してしまいます。なんてもったいないことでしょう。

そうなる前に、手を打つのです。誰しもいやなことは後回しにしがちです。見て見ないふりをしたり、いずれやろうと先延ばしにしたり。

でも、人間関係においては、時間が経過すればするほど、その関係は厄介になっていきます。こじれてしまうのです。

ここはどうか勇気を出して、一つずつ誤解を解いていきましょう。こじれた糸をほどいていきましょう。

その作業をするには、現実から目をそらさないこと。そして、**これを解決したら相手から信頼を得ることができると、信じること**です。

事をうまく運ぶためには、時間と労力が必要です。**自分がラクするためには、一時の苦労は必要なのです**。ゆくゆくはラクするために、ちょっと負荷をかけて、ちょっとだけがんばってみましょう。その積み重ねがあなたへの信頼を生みます。そしてあなたの自信につながるのです。

LESSON 39

こんな「精神力の無駄遣い」をやめましょう

前項の続きです。

仕事において、何かミスを犯してしまったときに、必要以上に相手の怒りを買ったり、ダメージを自分の手で広げてしまったりする人がいる、と申し上げました。

例えば、失敗を認めることができず、あるいは認めていても、どのように謝ったらよいのか思い悩み、躊躇して何もできなかったり、謝るにしても何となく言い訳がましくなってしまったり……。

どうしてそうなってしまうのでしょうか。それは、恐らくしっかりと相手に向き合い謝罪することができなかったり、状況や事実関係を正確に伝えることができなかったりするからではないでしょうか。

相手を恐れ、弱気になりおびえてしまう。何を言ってもまた怒られてしまうだろうという考えが頭をよぎり、相手との対等な関係が保てなくなってしまう人がいます。

残念ながら、弱い相手には強く出てしまうのが人間の性《さが》です。相手は、弱気に出た相手にさらにイライラして、きつく当たるようになります。怒られる側は、強く出られると余計にビクビクしたりおどおどしたりしてしまいます。この繰り返し、つまり負のスパイラルに陥ってしまうのです。

こうしたケースを見ても、感情の整理が下手な人は、損をしがちだといえるでしょう。

リカバリーが苦手な人ほど「考えすぎる」

では、リカバリーが苦手な人は、なぜ相手に向き合うことができないのでしょう。

私が想像するのは、冷静に物事を判断する力が薄れているからではないでしょうか。思うように、感情の整理がつかないからではないでしょうか。

ミスをしたとき、またそれを指摘され、怒られたら、誰でも現実から逃げてしまいたくなります。何を言っても、相手に怒られてしまうに違いないと思ってしまうものです。

が、そこで心を強く持ちましょう。

同じ人間同士なのです。人間関係においての上下関係や会社での序列、社会においての立場はあるかもしれませんが、人としては対等であるべきです。

恐れず、冷静に。そして、誠意をもって伝えることで理解してもらえる努力をしてみようではありませんか。

まずは、自分の感情を整理してみる。何が原因でミスをしてしまったのか、何が悪かったのかを反省してみる。次に、相手はどうしてそんなに怒っているのか、何に怒っているのか。相手の感情を整理してみましょう。

自分と相手、双方の感情を整理してみたら、相手が納得してくれる謝り方、最善のお詫びの仕方を導けるはずです。

LESSON 40

失敗を次につなげる「3つのステップ」

ミスのダメージを必要以上に広げてしまわないためには、「次につなげる3つのステップ」を意識して動いてみると良いでしょう。

① 反省する

ミスをしてしまったとき、相手を怒らせてしまうようなことをしてしまったとき、まずは、反省する。心から反省することです。

「どうしていつも怒られてしまうのだろう」と思っているあなた。もしかしたら、どこかで自分は悪くない。どこか他人のせいにしているところはありませんか？

誰の中にも、そのような気持ちは起きるものです。

でも、ここで大事なのが、自分としっかり向き合い、状況を分析し、何が悪かったかを考え、認め、受け入れることです。

② むやみに怖がらない、恐れない、思い込みを捨てる

自分と向き合ってしっかり反省したら、今度は相手と向き合うことです。

相手はもともと怖い人ですか？　恐ろしい人ですか？

あなたのミスで、相手に何か不都合なことが起きたり、困った状況になったから怒っているだけではありませんか？

ある意味、相手も追い込まれているのかもしれません。「怖い」というのは、あなたの思い込みではありませんか？

③ 相手に興味を持ってみる

相手に向き合った後は、一歩踏み込んで、相手に興味を持ってみましょう。

相手は、普段はどんな人ですか？　例えば、時間や期日に厳しいとか、礼儀を大切にしたとても丁寧な人であるとか、上下関係を重んじる人であるとか、フランク

な人であるとか。面倒見の良い人であるとか。

相手の人柄や特徴に目を向けてみると、相手が何に怒っているのかが見えてきます。

それが見えてきたら、次は、相手に合わせた対応、相手に納得してもらえる対応をする努力をすれば、きっとあなたの気持ちは通じるはずです。

LESSON 41

どんなクレームも「大丈夫」になる対処法

結婚披露宴で司会をしていると、トラブルになりやすいのが、祝電です。最近は祝電自体がかなり減ってきていますが、以前は、祝電を読んだ読まない、来ている来ていない、ということで、よく問題になりました。

例えば、祝電を送った人の関係者や知り合いが出席しているケースです（会社関係の人や親戚など）。そういう場合には、その人の祝電が読まれるかどうかを、関係者は結構、気にかけています。

祝電は、新郎新婦がお色直しをしているタイミングで披露することが多いのですが、中座中というのは、主役のお二人がいません。ですので、ゲストは思い思いに過ごしていて、披露宴会場内は、少しざわわしているものです。司会者は、祝電を披露するとき、会場にいるゲストにできる限り注目して頂けるように、耳を傾けて頂けるように努力してご案内するのですが、まさか「静かにしてください」とは言えません。ですので、聞いている人は聞いているけれど、興味のない人は、席で話に花を咲かせている……という雰囲気の中、祝電を披露するわけです。

そこで、たまにあるのが、「知り合いが祝電を送ったと言っていたけれど、読まれなかった。ちゃんと披露してくれましたか？」というクレームです。

こんなとき、**まずは、相手を受け入れる姿勢を示します**。すなわち、**指摘してくださったことに対して「ありがとうございます」とお礼を述べる。そして、「すぐに確認いたしますので、少しお待ちください」と対応します**。

祝電は、新郎新婦に確認して、順番を決めてご案内をします。だから披露した後も、しばらくは、その順番のままにしてありますので、すぐに確認できます。確認したら、こんなふうに冷静に答えます。

「〇〇様のご祝電、5番目にご披露いたしましたが……。お聞き取りにくかったでしょうか。失礼いたしました。ただ、確かにご案内いたしましたので、ご安心いただければと存じます」

そうすると、たいていの場合、クレームを入れてきたゲストは、

「あっ、そうなの？　私が聞いてなかったのかな〜。まあ紹介したなら、いいです」

こんなふうにいったん引き下がりますが、その後もまわりに祝電が披露されたか確認してまわったりします。ただし、きちんと案内されていたことがわかると、

「さっきは悪かったね。紹介してくれたんですね。みんなに言われちゃったよ〜」

と、わざわざ報告に来て謝ってくださいます。

司会者の立場からすると、「ちゃんと披露してくれましたか？」と言われた時点で、「えっ？　クレーム？」と、思わず動揺してしまいがちです。

でも、ここはあわてず、焦らず、冷静に。感情を乱さず、手順を追って対応すること。ただそれだけで、事が穏便に運ぶことは、ままあるのです。

そして、クレームがあったら、いったんは相手に共感する姿勢を示すこと。そうすることにより、相手の感情を少しずつやわらげることができるのです。

クレームには、相手に寄り添う姿勢を示しながら、冷静に対応していきましょう。

LESSON 42 「就活」と「感情の整理術」の意外な関係

私がこれほど「動きましょう」というお話をするのは、きちんとした理由と根拠があります。そのエピソードをご紹介したいと思います。

私がかつて、専門学校で講師をしていたときのことです。私はクラス担任として、学生たちの就職活動のサポートもしていました。

私の学生時代と違い、今の学生の就職活動はかなり大変です。応募書類としてエントリーシートを記載するところから始まりますが、企業によっては(特にブライダル業界では)、この段階から自分をアウトプットさせるために、かなり工夫が必要な、ユニークな形式のエントリーシートを提出させる企業があります。

さあ、就活スタート！　学生たちが意気込んで臨んでも、スタートでつまずくことは少なくありませんでした。

そのときに感じたのが「悩む前に動け」ということ。**就職活動は、たくさん動いた人の方が、確実に自分の希望に近い企業に就職できる確率が高まります**。

といっても、口でいうのは簡単で、内心、私は、「自分がこの時代に生まれていたら、絶対アウト！　就活なんて無理！」と思っていました。今だから正直に打ち明けますが、必死に就活している学生たちを、私は尊敬のまなざしで見ていたものです。でも当時は、腰の重い学生たちに、「夢を叶えるためには努力しなきゃ」なんて偉そうに、いえ、心を鬼にして、発破《はっぱ》をかけていました。

まだ社会に出たことのない学生たちが、自分でどんな企業に応募するか選ぶのは、とても難しいものです。自分のやりたいことができる企業なのか、働く環境が良いのか、福利厚生面は充実しているのか。何を優先して選ぶか、自分が何に重きを置いて就職するのか……。そこから考えなければなりません。

ただ、悩んでいても仕方ない。まず、会社説明会に行ってみる。先輩の話を聞いてみる。担任や就職指導の先生に相談してみる。

そう、動いたもの勝ちなのです。

一つアクションを起こすことで、確実に道は開けていきます。

長年、学生を見てきてわかったことは、やはり、積極的に動いた学生が、自分のやりたいことに近づいていけるということです。

たとえ第一志望の企業に就職できなくても、一生懸命活動したことがその人の自信になりますし、話を聞いた先輩とのつながりから、新たな出会いが生まれることもあります。企業研究をしたことで、次のキャリアに進むときの参考にもなります。

就職するためにたくさん活動したことが、その後の人生に及ぼす影響は大きいのです。

ブレない人の「頭の中」で起こっていること

私がこれまでの人生を振り返ったとき、転機になるときには、「悩む前に動け」の精神で動いてきたように思います。

しゃべる仕事をしようと思い立ったら、勤めていた会社をまず辞めました。専門学校の講師としてキャリアを積みながらも、次のステップを考えたとき、退職に踏み切りました。

私の場合は、計画性がなく無謀なところもあるので、皆さんにこの生き方をおすすめすることはできませんが、「恐れずにまず動いてみる」。

一つアクションを起こしてみることで、何かの扉が開くことは、自信をもってお伝えしたいと思います。

LESSON 43

「なんとかする」と、決める

人生には波があります。良いときもあれば悪いときもあるように、晴れ渡る日ばかりではなく、雨も降れば風も吹き、波も立ちます。

私がこれまで歩んできた人生も、人から見ると、波乱万丈のようで……。確かにさまざまなことがありました。ただ、今、こうして好きなことをさせていただけて、大切な人に囲まれている私は、本当に恵まれていると思います。支えてくださっている周りの方々に感謝の思いでいっぱいです。

人生、何が起こるかわからないと誰しも思ったのが、コロナ禍という状況ではないでしょうか。当初は、まるで現実とは受け入れがたく、映画でも見ているような思いでした。私と同じように感じた方は少なくないと思います。数か月で終息するかと思いきや、数年にも及び影響が出るとは……。

私の本業である司会の仕事は、大打撃を受けました。人が集まることが制限されれば、当然、結婚式・披露宴など挙げられる状態ではありません。ほとんど仕事はゼロという状態でした。数か月で終わると思っていたものが、いつまでかわからないがかなり長引くとわかったとき、私の頭によぎったことは、一つ。

「新しい仕事を見つけなければ!」

司会の仕事は大好きですし、他にどんな仕事をしようとも、私の本業は司会だと思っています。しかし、まずは、生活するために、この状況を受け入れ、対応しなければならない! そう思ったのです。

「メンタルが強い人」は、こう考える

自分に何ができるかなんて、わかりません。これまでのキャリアを振り返ると、大学卒業後、正社員として事務の仕事はしましたし、司会を始めた頃は、派遣社員としても働きました。また、司会の仕事が少し軌道に乗ってからは、空いている時間にできる、電話オペレーターの仕事もしました。でも、今、できるかといったら、自

信はありません。大きな不安が頭をよぎります。

何ができるかわからないけれど、新しい仕事を始めるには、第一印象が大事！

そう思った私が始めたのは……、なぜかダイエットでした。

コロナ禍で仕事がなくなった司会者が、ダイエット？？？？？

なんだか、マンガみたいですよね？（笑）。でも、「とにかく何かしなければ」という思いだったのです。

それには、まずは見た目を、自分の納得いくものにしようと思いました。というのは、コロナ禍の前の私は、おかげ様で忙しくしていただために、生活も不規則で、史上最高に体が大きくなっていたのです。

「これでは、いけない」。鏡を見た私は、そう思いました。

新しい仕事。何ができるかわからないけれど、仕事はこちらが選ばなければ、何とかなる。生活するためには、何だってできる。

ただ、私は何かわかりやすい資格を持っているわけではありません。そんな私に、優先して回してもらえる仕事は、そう多くないはず。とはいえ、とりあえず、やる気を見せるためにも、受け入れてもらうためにも、第一印象を少しでも良くしたい。そのためにも、自分の好きな体重に戻そう、と思ったのです。

そうこうしているうちに、徐々にではありますが、コロナの影響も落ち着いてきて、自粛ムードも薄れてきました。そのうち結婚式も復活してきて、またありがたいことに新しい本のお話もいただき、どうにかつなげた次第です。

でも、あともう少し、何もできない状態が続いていたら、私はきっと、何か別の仕事を始めていたと思います。生きていくために。

人生、何が起こるかわからないので、そのときには、順応性を持って対応するしかない！　そのためには、とりあえず動く！

私は、いつも、そのように、覚悟を決めています。

このように、私はどうやら、悩まない人、そしてメンタルが強く感情に流されない人、というふうに見えるそうです（実際は、そんなときばかりではないのですが……）。

そこにはいくつか理由がありますが、特に大事なのは、クヨクヨ、モヤモヤを引きずらず、動くことを止めない。歩みを止めないことではないかと自負しています。

5

「自分の機嫌」を自分でとれる人になる

――「マイナスの感情」をはびこらせないコツ

LESSON 44

小さな「ストレス発散法」を見つける

私には趣味と呼べるようなものがなく、強《し》いていえば、好きなことを仕事にしているので、司会の仕事をしているときや執筆しているときが楽しい、というタイプです。でも、司会の仕事は適度な緊張感を常に伴いますし、執筆の仕事もアイデアがまったく浮かばないときも多々あります。

そんなときのストレス発散方法は？

私は好きな仲間と一緒に食事をしてお酒を楽しみ、好きな歌を歌うこと。また、時には、決して上手ではないけれど簡単な料理を作り、友人を家に招いて一緒に食事しながら、おしゃべりすることです。おしゃべりしたり、歌を歌ったり、お酒を飲んだり。これは私にとっては、大いにストレス発散になるのです。

また、大きな仕事を抱えているときこそ、その先に、好きな仲間との食事会・飲み会をセッティングしておきます。**「この仕事を終えたら、楽しいひと時が待っている！」と、自分のお尻を叩くため**です。

余談ですが、Z世代である私の姪《めい》は、私の事を「飲みべが高い」と表現します。飲むためのモチベーションが高い。つまり、この仕事をがんばったらお酒が楽しめるというモチベーションが高いというのです。言い得て妙。その通り！

大きな仕事を抱えているとき、準備するのに時間もかかりますし、プレッシャーもかかります。思うように準備できないと、腹も立ちますし、イライラします。そんなとき、この仕事を成功させたら、ご褒美が待っているとか、楽しいことが待っていると思うとパワーが湧いてきます。また、一日の中でも、ここまで仕事をしたら、おいしいスイーツが待っていると思えば、がんばろうという気持ちも起きませんか？　ヨガでも、ダンスでも、ピアノでも、編み物でも……、何か好きなことをすることで、ちょっとしたストレス発散になるのではないでしょうか。

自分で楽しめる時間を作ることは、自分の感情を整える、ベストな方法なのです。

LESSON 45

「外見から入る」ことも効果的

感情の整理がうまい人は、凛《りん》として自立した印象を与えます。そのような人を目指すのであれば、もちろん内面を磨くことが大事ですが、外見から整えていくのも一つの方法です。

体と心は密接につながっています。先に体を整えることで、自然と心も整ってくるのです。

私が気をつけている3つのポイントをご紹介します。

1　姿勢を正す

たとえば、良い姿勢でいる。姿勢を正す。背中が丸まっている状態、猫背でいると、視線も下に行きがちです。視線が下に向いていると、何となく気分も落ち込みがちになり、無表情になってしまいます。口角も上がりづらくなり、自然に笑顔でいることは難しくなります。姿勢を正した状態だと、視線も前に向けられますし、口角も上がりやすくなります。

そのため、笑顔を作ることも容易く、明るくはつらつとした印象になります。

また、私は司会という仕事柄、姿勢を気にする場面が多くあります。

司会者は常に、お客様から見られている状況にあります。結婚披露宴という晴れがましいお席で、司会者が堂々としていないと、お客様に不安感を抱かせてしまうことになりかねません。

マイクを持つ際には、まず正しい姿勢で立つことを意識します。話すときにも腹式呼吸で発声しますので、自然と姿勢が正されます。文字通りお腹から声を出すのですが、良い姿勢が保たれていないと、正しく声を出すのも難しくなってしまうのです。

これは普段の生活でも心がけていることですが、司会をするときには、より一層意識するようにしています。姿勢を正すことで、ある意味、司会者としてのスイッチがオンになるのです。
意識すれば、誰にでもすぐにできることですから、ぜひ実践してみてください。

2 「ながら動作」をしない

次に、品格のある所作を心がける。一番すぐに取り入れられるのは、「ながら動作」をやめることです。

例えば、ご挨拶するときに、言葉を発しながらお辞儀をするのではなく、言葉を発してからお辞儀をするとか、歩きながらお辞儀をするのではなく、立ち止まってからお辞儀をするといったことでしょうか。また、「ながら動作」から少し離れますが、モノを渡すときには、両手で渡す。方向を示すときには、指先をそろえて手のひら全体を使って指し示す、なども、品格ある所作と映りますので、おすすめです。すぐにできることばかりなので、今、挙げたことだけでも実践してみてください。ちょっと意識してみるだけでもいいのです。ただそれだけで、あなたの印象はぐ～んとアップしますし、凛とした、安定感のある人に近づけるはずです。

3 身だしなみを整える

そして、身だしなみ。これは決して、高価なものを着るとか、着飾るということではありません。

身だしなみの基本は「清潔である」ということです。カジュアルなTシャツでも、きちんと洗濯したものであるとか、首回りがヨレていないとか。

ちょっとしたことばかりですが、意外とそんなところからも、凛とした印象は伝わるものです。また、自分自身の気持ちもスッキリとして感情が整うことでしょう。

ちょっと手間はかかりますが、これも心身を健康に保ち、感情を整えるためのポイントなのです。

LESSON 46

定期的にモノを減らす

家のガラクタを片付けることにより、心のガラクタも整理して、人生をご機嫌へと入れ替える方法もあります。

定期的に身のまわりを見直しモノを減らすことは、まさに、自分の心を軽くしてご機嫌にするのに、最適な方法かもしれません。

私がかつて夫と住んでいた家は、広くてモノにあふれていました。大正生まれの義母と一緒に住んでいたこともあり、もったいない精神から、とにかくモノを捨てることをせず、何でもとっておくスタイルだったのです。

もちろんモノを大切にするのはとても良いことであり、受け継いでいきたい考え方です。ただ、モノにあふれた家にいると、何となく家自体が重苦しい空気に包まれることも事実なのです。

また、いざ使いたいときに探すのに一苦労。義母は聡明《そうめい》な人でしたので、何がどこに収まっているのかを把握しており完璧に家の中のモノたちを使いこなしていましたが、義母が亡くなってからは、さあ大変！　私には大量のモノの管理は荷が重く、気が滅入《めい》ることもありました。

夫が亡くなったことで、その家から引っ越すことになりました。**それを機に、ほとんどの家具や食器などを処分してきました。**

私はどちらかというと、思い出の品などはとっておいた方が良いかなと考えるタイプ。ですが、妹のこんなアドバイスのもと、大方のものは処分することにしました。

「一人暮らしになるのだから、シンプルイズベスト。無駄なものを置かずにスッキリと暮らした方が、気分も晴れるんじゃない？」

自分自身の服や靴も、実際は長年使っていないものが多く、引っ越しを機にこちらも思い切って捨ててきました。

モノに囲まれる圧迫感を捨て去ると……

この選択は……大正解！　おかげで、今の住まいは、かなりスッキリとして、毎日ご機嫌に生活できています。

無駄なものを置いていないので、掃除もしやすく、たまに訪れてくれる友人や仕事関係の方も、「またおじゃましたい」と言ってくれます。

もちろん、これは何でもかんでも捨てましょうという話ではありません。**本当に自分にとって必要なものは何かを見極める機会**を作ってみていただきたいと思うのです。

精神的な負担と同じように、モノがあふれているということは、物理的な負担がかかってしまうこと。重い荷物はどんどん捨てて、スッキリさせることは、感情を安定させ、自分をご機嫌にするコツなのです。

LESSON 47

苦手な人にこそ「自分からアクション」

人には、合う合わないということがあります。ご自身が穏やかで静かな生活を望むタイプであれば、いつも元気で活発、にぎやかな人とはあまり合わないでしょうし、プライベートについて干渉されたくない人であれば、ズカズカと家族のことにも踏み込んでくるタイプの人は、苦手だと思うことでしょう。

ただし、人というのは色々な面を持っています。一見、にぎやかな人と思うタイプの人でも、実に繊細な一面を持っていたり、プライベートについて干渉されたくないタイプの人であれば、人には話したくないような悩みを抱えていたり。

自分自身を振り返ったときにも、自分の多面性に驚くことがあります。

私は、今は、仕事柄、初めて会った人とも、にこやかにお話することができますし、どちらかというと、私から積極的に話しかけるようにしています。

でも、本来の私は、とても内気で実は人見知りです。ですから、おとなしいタイプの人の話に共感することも多いですし、初めての人に自分から話しかけられない人の気持ちもよくわかります。

そんな自分自身の経験から、人は一見しただけでは、その人の本質は理解できないと思っています。ですから、「この人、苦手」と思っても、まずはこちらから挨拶をしてみよう！　と心がけています。

その人のことを知るきっかけになれば良いな～という軽い気持ちです。

一見、怖そうに思えた上司が、実は情に厚い優しい人であったとか、クールに見えた先輩がお茶目な人だったとか、よくありませんか？

人とのつきあいで、もったいないのは、自分から心を閉ざしてしまうこと。心を閉ざしたままでいると、苦手だと思った人と会ったときに、ぎこちない雰囲気に包まれ、結局は自分自身のモヤモヤが募《つの》ってしまいます。

ちょっとだけ勇気を出して、自分から挨拶をしてみる。こんなささいな行動もあなたのモヤモヤを解消することになるでしょう。

LESSON 48

気難しい人とは「感情で付き合わない」

気難しい人は、どこにでもいるものです。それは老若男女問わず、です。「気難しい」というのは、その人自身の性質だと思いますが、歳を重ねると誰しも、その傾向が強くなっていくように思います。

私自身、若いときより「こうあるべきだ」と思うことが多くなっています。それは、自分がさまざまなことを経験し、自分はこうして乗り越えてきたとか、こうした方が失敗しないといった、自分なりのやり方や価値観が身についてしまい、何事もつい、自分のものさしではかろうとしてしまうからだと思います。

そう考えると、気難しい人の特徴は、自己中心的にものを考えてしまい、他人の意見や考えを受け入れにくいことが挙げられます。

このような場合は、**意見や考えが違うからといって、議論しないこと**です。こちらとしては話し合うつもりでも、恐らく先方は自分の考えを曲げないと思われますので、建設的なものにならないでしょう。こんなときは、**さりげなく受け流すのが良い**のです。

また、何となくいつも不機嫌そうにしているので、話しかけにくい雰囲気を醸《かも》し出しているのも、気難しい人の特徴です。

この場合には、無理に話しかけることはないと思います。が、**どんなときも挨拶だけは欠かさないように心がけましょう**。

なぜか絶対に挨拶を返してくれない人

若い頃、会社員をしていた時のことです。ある職場で、毎朝、私はその場にいる人全員に向けて挨拶をするのですが、ある人だけがなぜか挨拶を返してくれない、ということがありました。

その人は、見るからに気難しい人でした。いつも必ず挨拶を無視されるので、「?…?…?」と思いましたが、私は構わずその人に挨拶をし続けました。

そして、あるとき、ふと思いついたのです。その人の名前を呼んで、挨拶をしてみよう、と。

「○○さん、おはようございます」

すると、なんと、「おはよう」と返してくれたのです。

おそらく、その方の気持ちとしては、「名前を呼ばなきゃ、誰に挨拶してるかわからないだろ！」ということだったのだと思います。思わず「そこ〜！」とずっこけそうになりましたが、気難しいと思っていた方と少しだけ距離が縮まった気がして、気持ちが明るくなりました。

気難しい人が何にひっかかっているのかを見極めるのは、かなり難しいことです。ここは感情的にならず、誠実な態度で接することが、心を開いてもらえる鍵かもしれません。

自分の負担にならない程度に受け流しつつ、気難しい人だからといって敬遠せず恐れず、誠意をもって接していきましょう。

LESSON 49

人間関係のことは「欲張りになりすぎない」

あちらが、どうもこちらに好意的ではない。

人づきあいの難しさは、相手が自分のことをどう思っているかわからないところにあります。

家族や昔からつきあいのある気心の知れた仲間ならともかく、ビジネスでのおつきあいや、知り合って間もない人とは、最初はお互いに探り合いのようなところがありますし、こちらのことをどう思っているのか、とても気になるところです。

なかなか相手との距離が縮まらないときには、「あら？　私のことあまり好きではないのかしら？」なんて思ってしまうものです。

でも、本当にそうでしょうか？　もしかしたら、シャイな人かもしれませんし、遠慮して距離を置いているのかもしれません。またとても慎重なタイプでこちらの動きに合わせて様子をうかがっているだけかもしれません。

私はこのようなとき、**できる限り、まずは自分から相手との距離を縮める努力をします。**

いつもは挨拶程度の言葉しか交わさないような間柄でも、こちらから家族の話をしたり、自分の近況を話したり。あるいは、「いつもはつらつとしていらっしゃいますね」とか「素敵なスカーフ、お似合いですね」と、相手の素敵だと思うところをほめてみたり。

そんなことを何度かしていると、徐々に距離が縮まり、「あっ、嫌われているわけではなかったのだ」と気づくことがあります。

他人の感情は「放っておく」

中には、こちらから何度話しかけても話が続かなかったりして、明らかに好意的ではないと感じるケースもあるでしょう。その場合には、私はそれ以上踏み込まないようにしています。

ただし、挨拶をするという礼だけは欠かさないように心がけています。

人の気持ちはいつ変わるかわかりませんし、人の心を完全に読み取ることは不可能です。こちらのことを好意的に思っている可能性はまだあるわけですから、失礼のないように振る舞うようにしています。

私は人が好きなので、そのようにプラスに考えてしまいますが、あなたがもしそう思えなければ、その人に執着することはありませんし、関係が何だかギクシャクしていると悩む必要もありません。

人は、肌が合う合わない、感性が合う合わないということがあります。すべての人とうまくつきあうなんて、到底できない話です。

私は、人との関係においても、あまり欲張らないようにしています。それも自分をラクにする一つの方法です。

LESSON 50

「素直さ」は、人の心を動かす

人間、素直であるということが、どんなときもハッピーでいられるコツだと思います。「素直」とは、ありのままで飾り気がなく、まっすぐな気持ちで、ひねくれていないことをいいますよね。素直でいることで、自分の考えに固執せず、相手の意見や考えを受け止める、受け入れることができるのだと思います。

「素直」の対義語は「頑固」でしょうか。自分の考え方にとらわれて、自分と違う価値観を受け入れることができなくて、頑なになってしまう。それはあまりにもったいないことです。

人は完璧ではないように、どんなに立派な人でもすべて正しいということはあり得ないと思います。そのことを念頭に置いておけば、素直でいることも容易くなるでしょう。

窮屈《きゅうくつ》な生き方というのは、一つの価値観や考え方にとらわれ執着してしまうことだと思います。

「こうすべきである」「こうしなければならない」という考えが強いと、できなかったときに、自分自身に失望して自信をなくし、すべてを投げ出したくなってしまう。そうすると、気分が滅入り、回復するまでに時間がかかります。

自分はこう考えていたけれど、そういう考えもあるのだ。とか、こうしなければならないと思っていたけれど、必ずしもそうではないかもしれない。と、自分とは違う意見や考え方を受け入れる柔軟性を持ちたいものです。

そうすることで、自分で感情の整理がしやすくなりますし、自然と、生きるのもラクになっていくことでしょう。

「自然と人が集まってくる人」の秘密

執着することで、周囲からは、つきあいづらい人と思われたり、距離を置かれたりするデメリットも出てきます。周りから理解されにくいと、人との関係が狭まってしまい、心を閉ざしていくことにもなりかねません。

素直な気持ちで柔軟性をもって人と接していれば、自分の世界が広がります。世界が広がれば、さまざまな人との交流も深まり、知らないことを吸収するチャンスも増えるはずです。

人は、素直な人には、力を貸そうと思います。素直な人とは、一緒に過ごしたいと思います。

素直な人の周りには、自然と人が集まってくることでしょう。「素直さ」は人の心を動かすのです。そして、心を動かされた人が、あなたの周りに集まり、さまざまな面であなたの助けになるでしょう。

頼れる人がたくさんいるというのは、心強いですし、人の気持ちを安定させてくれます。素直でいることは、ハッピーでいられるために、欠かせない要素なのです。

LESSON 51

「活力に満ちた輝いている人」とつきあう

私は現在、仕事中心の生活をしているので、熱い気持ちで仕事をしている人に会うと、パワーやエネルギーをもらえます。私の場合、目標にするのは、やはり女性であることが多いです。

一人は、仕事上のおつきあいから親しくさせていただいている、あるホテルで管理職をしている方。私と同世代で、いつも明るく朗らかです。

お忙しい方なので、対面より電話でのやりとりが多いのですが、そのお声から、彼女の感情が常に安定していることがうかがえます。

というのも、私は司会という仕事柄、声にはかなり敏感で、声のトーンで「あっ、今はお忙しいんだな」とか「あら？　元気がないみたい」と察することができるのです。たいていの人は、声にも好調・不調の波が表れているものですが、彼女は、い

つお電話しても、穏やかなトーンの安定感あるお声です。

そして、「お元気？」と、私の事をまず気にかけつつ、「何かありました？」と、私がすぐに本題に入れるように、てきぱきと用件を聞いてくださいます。

私がお電話するときは、大体、ご相談かお願いごとなのですが、彼女はとにかくジャッジが早い。そして、指示が的確。**答えを出すのに迷いがない**のです。

「ＯＫ！　じゃあこうしてこうして、こうするから、わかり次第ご連絡するね」

そして、その日のうちにレスポンス。多くの場合、一本の電話の短いやりとりで、問題はほぼ解決します。または、解決策を見いだしてくださいます。

若い人の意見もどんどん取り入れていく方なので、下の人たちもついていきます。

私の教え子もお世話になっているのですが、いつも見守ってくださっており、教え子たちも絶大なる信頼を寄せています。

また私に対しても、「すごいわね～、がんばっていらっしゃる！」と、あたたかいお言葉をかけてくださいます。

お願いやご相談でお電話することが多いので、こちらは、「申し訳ない」と思いながら電話をかけるのですが、話し終わって電話を切るときには、なぜかいつもハッピー！　明るい気持ちになってしまうのです。そして、「私もがんばらなくちゃ！」と、パワーやエネルギーをいただけます。

彼女は、伝統を重んじるホテル業界において、古き良き文化を守りつつも、新しいことにチャレンジし推し進めていく、頼りがいのあるリーダー。凛としているのにしなやかで、私が目標としている方の一人です。

身近に「お手本にしたい人がいる」という幸せ

パワーやエネルギーをいただける方といえば、もうお一方。昨年から大変お世話になっている、とても素敵な方です。

その方は、大卒の女性が社会に出て男性と同じように働くのが、それはそれは難しかった頃に、先駆的で今でも躍進を遂げている大企業に就職され活躍なさったキャリアをお持ちです。そして、現在は、ご自宅にて英語のお教室を開き、ピアノのレッスンもされ、たくさんの生徒さんがいらっしゃいます。私にとっては、あこがれの大先輩です。

パワフルにフル稼働でお仕事をされていらっしゃるのに、お庭やお宅の周りにはいつも季節の花々が咲き誇り、季節感を大事になさっています。厚かましい私は、冬にはお庭になったゆずをいただいたり、春先になると梅の花、梅雨時には紫陽花《あじさい》をいただいたり……。季節のものを愛でるのはとても贅沢なことで、それだけでハッピーな気持ちになれます。また、「主人と一緒に、いつも応援してるわ」と、私に何より励みになるお言葉をかけてくださいます。

お忙しい毎日でいらっしゃるのに、日々心豊かに暮らしていらっしゃるお姿、働く女性の大先輩としてご尊敬申し上げています。近くに、お手本にできる方がいるのは、とてもありがたいことだと感じます。

このように、私が惹かれる人たちは、誰にでも同じように愛情深く接することができて、周りの人をも明るい気分にさせてくださいます。**お会いするだけで、こちらまでご機嫌になれる**のです。目標にしたいと思える方とお付き合いすることは、自分の感情を整えるためにも、いいことずくめなのです。

LESSON 52

朝の「ボーナスタイム」を活用する

私は、現在、毎朝、妹夫婦と地域のラジオ体操に参加しています。起床は、大体5時~5時半。コーヒーか紅茶、時には緑茶を飲んで、ゆっくり体を目覚めさせ、支度をします。6時過ぎに家を出て、ラジオ体操が行われる公園まで散歩をして、6時半からラジオ体操に参加します。帰ってくるのは、7時頃。それから朝ごはんの支度をして、朝食スタート。ゆっくり朝食を取り、片付けをして、今一度、コーヒーorティーブレイク。執筆など仕事が立て込んでいる時には、8時半から仕事開始。急ぎの仕事がなければ、朝食後、掃除洗濯をして、9時から仕事開始。……というスケジュールです。

以前は夜型でしたので、徹夜で仕事をしていたこともよくありました。でも、**朝型にしてからの方が、断然調子が良い**のです。

人それぞれのライフスタイルがあるので、朝型生活を押しつける気持ちはありません。が、歳を重ねていくと、朝、目覚めるのも早くなります。朝日を浴びて軽く運動して体を目覚めさせ、明るい中で仕事をするこのスタイルを、私は気に入っています。

「ご気嫌な人」を作るモーニングルーティン

朝は、脳のゴールデンタイムともいわれています。脳は、その日に起こったさまざまな事を寝ている間に整理するそうです。ですから、朝起きたときというのは、脳の中はまっさらな状態。

脳は、目覚めてから2〜3時間の間が、最も作業効率が上がるのです。実証されているデータもあるようで、一番集中力が高いのが朝6〜7時台。その後、徐々に低下していき、午後は脳の働きがかなり低くなるそうです。

また、太陽の光を浴びることで、幸せホルモンと呼ばれる、セロトニンという脳内の神経伝達物質が増えるそうです。セロトニンは脳の過剰な興奮や不安を抑え、心身共にリラックスさせる効果があるので、私たちは、セロトニンが増えると幸せを感じ、反対に不足すると不安やイライラやストレスを感じやすくなるそうです。

そう、**朝、早起きして、外で軽い運動をするのは、心身が健康でいられる秘訣**なのですね。

すっかり「朝活」という言葉も定着してきました。朝のあわただしい時間ですが、いつもより少し早起きをして、時間を有効に使ってみるのも、感情の安定に役立ちます。

LESSON 53

「テーブルセッティング」で食卓を特別にする

私は、一人で食事をするときにも、人をお招きして食事をするときにも、なるべく丁寧にテーブルセッティングをするように心がけています。

ランチョンマットにお箸《はし》置きを置き、洋食のときには、カトラリーを並べ、美味しいものをお気に入りの器に盛りつける。

それだけのことですが、**ほんの少し、テーブルをおしゃれにするだけで、優雅な気分になりますし、美味しいものはより美味しく感じられるように思います。**

食事は大切です。私は、現在、自宅で仕事をすることも多いので、朝は比較的時間があります。ですから、ありがたいことに、朝食はたっぷりと時間をかけて、いただくことができます。

忙しい朝を過ごす方が多いと思いますので、毎朝ゆっくりと食事をするのは難しいと思いますが、お休みの日の朝や、時間のある夕食時には、いつもより時間をかけて、食事を楽しんだり、テーブルをいつもよりゴージャスに飾りつけてみたりしたらいかがでしょうか？

ちょっとテンションが上がって、ご機嫌になれるのではないでしょうか。

LESSON 54

「心に余裕のある人」は、品格のある人

品格から連想される言葉は、「泰然自若《たいぜんじじゃく》」。私が考える品格のある人とは、泰然自若としている人です。物事に動じず、いつも冷静で落ち着いていて、おだやかな心を持っている人。言い換えれば、心に余裕のある人ではないでしょうか。

心に余裕をもちたいと願っていますが、なかなか難しいことです。

これは、一朝一夕には身につけられません。年を重ね、経験を積み、だんだんと余裕をもてるようになるのだと思います。

ですから、すぐにそうなりたいと急ぐのではなく、**今、できることから、実践していくことで、理想の姿に近づくことができる**のではないでしょうか。

私がこれまでの人生で出会った中で、最も品格があり、今でもご尊敬申し上げているのは、高校時代に個人的に英語を教えていただいた恩師です。その方は、父の

高校時代の恩師でもあったのですが、かつて外交官としても活躍なさったキャリアをお持ちの方でした。博識で教養があり、いつも穏やかで、紳士でいらっしゃる。でも英語のご指導に関しては厳しく、私が答えられないと、何分でも答えを出すのを待っていらっしゃるような……。

その一方、勉強する前や終わった後の雑談の時間には、私がする他愛もない話にも興味を持って聞いてくださり、面白がってくださる。時にはほめてくださる。あらゆることに卓越していて、ふところの深さや人としての大きさを感じる方でした。

当時、すでに60代後半でいらしたので、戦争も経験して、私には想像もできないような体験をなさり、戦後も生き抜いていらしたのだと思います。そう考えると、その先生のようになるのは、到底かなわないことです。

でも、先生のような方がいらしたな～と思い出したり、先生のようになれなくても、一つでも何か先生の真似をしたりしているうちに、人として成長できる気がしています。心に余裕のある、品格のある人に出会ったら、お手本にして、少しでも良いので、真似してみるのはいかがですか？

LESSON 55

「うまく行かない日」もまるっと受け入れる

人間ですから、波はあります。ここまで皆さんと一緒に考えてきたことを実践して、感情を整理する力、コントロールする力を身につけたとしても、調子の良い日、悪い日、うまく行く日、行かない日は必ずあります。

そのときに、気をつけていただきたいのが、**短絡《たんらく》的にならない**ということです。自分を変えようと一生懸命がんばってきたが、やっぱり続かなかった。今日もできなかった……などと、一喜一憂しないでほしいと思います。

話はガラリと変わりますが、165ページで、私が史上最高体重に達してしまったため、コロナ禍中にダイエットに挑んだことをお伝えしました。

私が太った原因の一つは不規則な生活でしたから、コロナ禍での外に出られない生活がかえって幸いし、規則的な生活を送ることができました。また仕事がない分、忙しさからくるストレスが解消され、暴飲することもなくなり、ウォーキングする時間もできました。そんなこんなでそれほど無理なく、数カ月で、10kg以上のダイエットに成功しました。

これは、私にとって久々の成功体験です(笑)。

「すべてうまくいって当たり前」という前提をなくす

このときに学んだことが、**「良い日もあれば悪い日もある」**ということ。当たり前のことですが、私たちが意外と見落としがちなことです。

ダイエットしてすぐの頃は、目に見えて体重が減少します。ところが、ある時期を超えると、少し停滞する時期がやってきます。また、それまでがんばっていた糸が切れ、「今日は食べちゃおう!」なんて思った次の日は、明らかに体重が増えてしまうのです。

でも、体重や体脂肪は、何日もかけて増えていくもの。1週間、暴飲暴食を続けたら、また以前のように増えていきますが、1~2日暴飲暴食したからといって、急激に体重が増えるわけでも、体脂肪が激増するわけでもないのです。

つまりは、すべて積み重ね。

2日食べ過ぎたら次の日から、またダイエットを始めればよい。できる日もあればできない日もある。

ただ、**できない日が続いたら、リセットして継続していくこと**なのです。

「すぐ心が折れてしまう人」の盲点とは

「小さなつまずきに一喜一憂しない。ある程度、長いスパンでチャレンジすることが成功の鍵だ」ということを、私はダイエットから学びました。

ダイエット中、半年くらい我慢していた大好きなお酒も、今は、普通に楽しんでいます。でも、飲み過ぎた次の日には、少し控えたりして。

自分の中で、これだけ飲んだり食べたりしたら、どれくらい太ってしまうという加減がわかってきました。おかげさまで、リバウンドすることなく、日々健康的に過ごしています。

感情のコントロールも、ダイエットと同じだと思います。

すぐに結果が出るわけではありません。でも、日々努力すること。そして、ある程度のスパン、**長い目で考えて根気よく続けることが大切**なのです。

6

目指すは「まわりまでご機嫌にできる人」

――愛と感謝で人とつながる習慣

LESSON 56

何はなくとも、まず「挨拶」

挨拶には、心を開いて相手に迫るという意味合いがあります。どんなときにでも、誰に対してでも、挨拶は大事です。

近所の方や親戚とのつきあいが希薄になっている現代、年配の方と接する機会も少ないことから、今の若い人は、知らない人と挨拶をするなんて考えられないと思うかもしれません。

でも、年配の人を拝見していると、まったく知らないと思われる人でも、朝早く近所ですれ違う人に、「おはようございます」と挨拶したり、軽く会釈している姿をよく見かけます。袖振り合うも他生の縁ということではないでしょうか。

知らない人にでも挨拶をする人がいる一方、知っている人にも挨拶できない場合があります。

相手に余裕がなさそうで、話しかけづらい雰囲気のとき。あるいは、相手がこちらに気づいているのかどうか定かではないときなど。

そんなときは、迷わず挨拶をしましょう！

挨拶をしなかったことで、後になってから、挨拶をすれば良かったかな～と後悔したことはありませんか？「だって相手は忙しそうだったもの」とか、「きっと相手は気づいていないもの」と相手のせいにしたい気持ちがあるのだけれど、どうもスッキリしない。

その気持ちはわかりますが、そこはやはり、思い切って元気にご挨拶しましょう！

それがあなた自身のためです。

あなたの心身を健やかに保つためです！

毎朝、すれ違う中学生への「おはよう」

前述したように私は、毎朝、妹夫婦と共に地域のラジオ体操に参加しています。ラジオ体操が行われる公園に行くまでの間に、毎朝すれ違う中学生くらいの男の子がいます。彼は、毎朝、公園か川沿いの土手で剣道の素振りをしているようで、竹刀《しない》を持って、自宅に帰る途中のようです。

はじめはお互い黙ってすれ違うだけでしたが、ある日、思い切って、

「おはようございます」

と声をかけてみました。

この様子を見ていた妹の夫は、思春期の男の子の気持ちを察するように「ちょっと嫌がられるんじゃない?」と心配そうな顔。

でも、私と妹は、彼に挨拶をし続けました。すると、最初の頃はまったく反応しなかった彼が、ペコリと会釈《えしゃく》をしてくれるようになり、そして、ついに小さな声ではありますが、

「おはようございます」

と挨拶を返してくれるようになったのです。

私たちは、「今日もがんばっているね!」とエールを送っているつもりです。もしかしたら彼は、「あっ、またあのおばさんたちと会っちゃった~」という感じかもし

れません。

　でもそれでも良いと思っています。私たちの気持ちは通じていると信じています。たとえうっとうしいと思われていても、応援する気持ちを私は伝えたいですし、いつかはわかってくれるような気がしています。

挨拶は、人にパワーを伝えることができるものです。さわやかな挨拶には、ポジティブな効果しかないと思っています。

LESSON 57

挨拶の「意外な効能」

実は、挨拶には意外な「いいこと」があるのです。たとえば、いつも挨拶できている人が挨拶を返してくれなかったら、「具合でも悪いのかな?」とか「何かあったのかな?」と、普段と違う様子を察することができます。

そしてそれに気づいたら、「何かあった?」と尋ねてください。

私が専門学校で教えていた頃のことです。いつも元気に挨拶を返してくれる学生が、その日だけなぜか、私の目を見ずに通り過ぎたことがありました。

「?」これはおかしいと思い、「何かあった?」と一言かけてみたところ、そのとき彼女が抱えていることを打ち明けてくれました。一緒に暮らしているおばあ様の具合が悪く、入院してしまったとか。大きな不安を抱えながら、がんばって登校していたことがわかったのです。その結果、学生にタイムリーに励ましの言葉をかけることができ、その後の様子も見守ることができました。

一方、笑い話のような、こんなエピソードもあります。マスクをしていた学生に、「風邪ひいちゃった？」と声をかけると、なんと、「今日はすっぴんなんです！」と、ムッとした顔で言い返されたのです（笑）。**でも、それで良いのです。「こちらは、あなたのことを気にかけている」ということさえ伝われば。**

そうしたコミュニケーションの下地が普段からあれば、もし、本当に何かあったとき、相手は遠慮なく言ってきてくれるはずです。

ある年の卒業式直前に、こんな言葉を私に伝えてくれた学生たちがいました。**「先生は、私たちのどんなささいな変化も見逃さず、すぐに気づいてくれた」**と。

その言葉は、今でも私の励みになっています。

こんなことを言うのは余計なことかもしれない……と、ついためらいがちになるご時世ですが、私は、恐れずに気がついたときに声をかけるようにしています。躊躇することだってありますが、勇気を出して言ってみる。「ちょっとした一言」を惜しまない姿勢は、相手との心の距離を、縮めてくれるはずです。

LESSON 58

「ちょっとした一言」を惜しまない

人間関係において、どんなささいなことでも「口に出して伝えること」は、とても大切です。

「ありがとう」
「ごめんなさい」
「おはようございます」
「おやすみなさい」
「お疲れ様です」

それぞれはたった一言ですが、これを口に出して、言葉にして相手に伝えられるかどうかがポイントです。

実際に考えてみてください。朝、家族に「おはよう」「おはようございます」を言っていますか？　寝る前に「おやすみなさい」を言っていますか？　職場の廊下ですれ違った上司や同僚に「お疲れ様です」を言っていますか？

もしかしたら、いちいち挨拶なんてしていられないと思うかもしれません。でも、私は、同じ空間にいる人にはぜひ挨拶はしたいと思います。

私は幼少の頃、両親から「おはようございます」「おやすみなさい」を必ず言うように、かなりしつこくしつけられました。家族間の挨拶って、意外と照れくさいものですよね。また何も言わなくてもわかってくれるだろうと思ってしまいがちです。でも、おろそかにしたくないですね。

挨拶は、習慣にしてしまうと何でもないことです。私は、今ではそれほど親しくなくても、毎朝、顔を合わせる人には「おはようございます」を必ず言います。それを言わないと、何かしっくりこないような、気持ち悪いような気にさえなります。

また、「ありがとう」「ごめんなさい」も親しい間柄だと、つい言いそびれたり、言わなくてもわかってくれるだろうと思ったりして、おろそかにしがちです。

親しき中にも礼儀あり。**その一言を惜しまないでください。**

LESSON 59

「おかげさまで」が口ぐせの人は、輝いている

感謝の気持ちを伝える際に、私が良く使うように心がけている言葉が、**「おかげさまで」**です。

おかげさまは、漢字で書くと、「お蔭様」。お蔭は、神仏などの偉大なものの陰で、その庇護《ひご》を受けるという意味があり、そこに「さま」をつけて、「おかげさま」と丁寧な言い方になったようです。

今では、他人から助けてもらったり、親切にしてもらったり、気にかけてもらったりしたときに、感謝の気持ちを込めて使いますよね。私は「ありがとう」と同じくらい、好きな日本語で、意識して使うようにしています。

人は一人では生きていけません。必ず誰かが見えないところで力になってくれているはずです。

大変なときに手を差し伸べてくれる人には、感謝の気持ちをストレートに伝えることは意外と容易いかもしれませんが、うまく行っているときには、人は天狗になるものです。

「プロジェクトで成功した」「昇進した」「試験に合格した」ときなど、一人でがんばった気になっていませんか？

もちろんあなた自身のがんばりがなければ成功はあり得ません。が、**同時に、誰かがあなたを支えてくれていたことも忘れてはいけない**と思います。うまく行ったときこそ、恩義に感じ、声に出して、「おかげさまで」と伝えるのが良いでしょう。「おかげさまで」と言われた側は、悪い気はしませんし、「これからも応援しよう」「力になりたい」と思ってくれるはずです。

「おかげさまで」を口ぐせにしている人は、いつのまにかファンや応援団が増えていき、何をするにも味方がたくさん！　人が集まってくることで、人と人の輪が大きくなり、あなたの世界も一段と広がっていきます。

そして、あなたをもっともっと輝かせてくれることでしょう。

LESSON 60

「ポジティブワード」で、安心感を相手にプレゼント

結婚する新郎新婦は、喜びに満ちている一方、意外と不安でいっぱいになっているものです。というのも、結婚式・結婚披露宴の準備は、それはそれは大変なのです。まず、式の日取りを決める。会場が押さえられたら、招待者を決めて、招待状を作成し、出席者が決まったら、席次を決めて、お料理を決めて……といった具合。決めなければならないことが山積みです。仕事などで日々忙しい中での準備。マリッジブルーになってしまう方の気持ちもお察しします。そんな状況下での、司会者とのお打ち合わせ。

私は、多くの場合、初めてお会いした新郎新婦に、こんな言葉を伝えることにしています。

「ご準備でお忙しいことと存じますが、当日は、お二人にもおくつろぎ頂けますよ

う、精一杯お手伝いさせて頂きますので、ご遠慮なく何でもお申し付けください」

その言葉に、お二人はホッとした表情を浮かべられます。

恐らく「そうそう、忙しいんですよ！　あっ、当日くつろいでいいの？　あなたに何でも言っていいの？」という感じなのでしょう。私の言葉で、少しは安心していただけているように感じています。

また、ブライダルの現場には、若いスタッフもたくさんいます。中には、結婚式に出席したこともないような世代の人たちも。恐らく、慣れない仕事に緊張と不安を抱えているのでしょう。会場でこわばったお顔をしているスタッフを見かけたら、

「一緒にがんばりましょうね！」

「大丈夫！」

と、こちらから、声をかけるようにしています。

たった一言ですが、前向きな言葉をかけることによって、少しでも安心感が生まれたらと思っています。私が先輩方にそうしていただいたように、若い皆さんには、ポジティブワードをどんどんプレゼントしたいと思います。

LESSON 61

喜びの表現は「素直であればあるほど」心を打つ

嬉しいことがあったとき、あなたは素直に喜びを表現できていますか？

日本人は全般的に、喜びの気持ちを表現することが苦手な傾向があるようです。謙遜することが美徳であるというような意識がいまだにあり、ほめられても「いえいえ、とんでもない」、つい言ってしまいますよね。

謙虚な姿勢も大事ですが、現代においては、喜びは素直に大きく表現した方が、相手にも気持ちが通じますし、お互いにハッピーな気分を分かち合えるように思います。

何かをプレゼントされたら、

「あ〜嬉しい！　これ、とっても欲しかったの！」

とか、ほめられたら、

「〇〇さんにほめていただくと、一層がんばろうという気持ちになります」
「あたたかいお言葉、励みになります！」
など。しっかり受け止めて、素直に嬉しい気持ちを伝えるのが素敵だと思います。

海外留学の経験がある友人は、どちらかというといつもオーバーアクション。私が何かプレゼントすると、「キャ〜すってき〜！」「サーイコー！」という喜びよう。

そんな、一見大げさに見えるリアクションで、こちらとしては、プレゼントした甲斐があったと嬉しくなりますし、思わず笑顔になってしまいます。**彼女の喜びが心を打ち、一瞬にして、周りをハッピーオーラに包んでしまう**のです。

喜びの表現は、断然、素直である方が良い。ストレートに伝えることで、その気持ちは相手にしっかり伝わるのです。

LESSON 62

「相手を変えたい」とだけは思わないこと

人は完璧ではありません。

自分がそうでないのと同じように、他人もそうです。

が、自分自身のことは棚に上げて、自分とかかわる人には色々と求めてしまうものです。そして、相手がままならないと思うと、「あの人が変われば、私たちの関係はうまくいくのに」とか「あの人の考え方を変えてあげよう」とか思ってしまうものです。

人間の感情とは本当に不思議なもので、100人いれば100通りの感情があり、考え方があるのです。

自分と考え方や感じ方の近い人はいても、すべてにおいて一致するという人は、まずいないでしょう。親子であれ、夫婦であれ、友人であれ。

相手との関係において、感情をコントロールするには、まず「人はみな違うものである」ということを常に頭に入れておくこと。そして、人間関係というのは双方の関係で成り立つものですから、どちらか一方が全面的に悪いということはない、ということです。

確かに、相手がもう少し柔軟に考えてくれればとか、もう少し冷静に受け止めてくれれば、ということはあるでしょう。ただし、相手を変えるということは無理がありますし、残念ながら不可能でしょう。

「相手を変えたい」と思うのは、エゴであるということ。「他人は変えられない」と知ることです。

LESSON 63

人との「違い」を楽しめると、ずっとワクワクできる

私は、自分の人生で、恐らく一生かかわることになるだろうと思っていた大切な人との関係において、たまたま「？…？…？…」ということが続いた時期がありました。そのとき一瞬、私がこの人を変えてみせよう。この人が変わってくれさえすれば、私たちの関係はもっとスムーズにうまくいくのに、と考えたことがあります。

ただ、それは浅はかで愚かなことであると、知りました。

人は、そう簡単に変えることはできないのです。

その労力を使うのであれば、気持ちを切り替えて、その人との「関係の在り方」を変えていけば良いのです。

ほどよく距離を保つとか。いつも意見の相違を生んでしまう話題があるなら、そこには触れないとか。自分が、少しだけ考え方を柔軟にしてみるとか。

どんなに大切な人でも、どんなに近しい関係の人でも、自分の思い通りにならないことがあることを知ることをです。

そして、他人が自分と違う考え方を持っているからこそ、ドキドキ・ハラハラ・ワクワク楽しいことが起こるのだと、前向きに考えてみてはいかがでしょうか。

LESSON 64

「助けてください」を素直に言える人になる

人との「違い」を前向きにとらえよう、という話の続きです。

人間、一人でできることは限られています。

また、得手不得手があるものです。

最近、このことについて考える素敵な機会があったのでご紹介します。

夫が亡くなったことを機に私は引っ越しをしたため、新しい住まいには、新たに必要な家具類やキャビネットなどを揃えることになりました。

大きなものはプロにお任せして、配送時の組み立てサービスを利用しましたが、本来は簡単に組み立てられるような小さなキャビネットなど、組み立てサービスがないものもあります。

私は手先が不器用です。もちろん、ＤＩＹには無縁です。が、慣れない手つきで、自分一人で組み立ててみることにしました。

「人に迷惑をかけてはいけない」という思いがあったからです。

さて、悪戦苦闘しながら何とか組み立て終えたときには、家具は明らかにガタガタ。いくつか（かなり多く）の部品が正しく収まっていなかったのだと思います。

「仕方ない。倒れなければ良い。だましだまし使おう……」

そうあきらめていたところに、妹夫婦が訪ねてきてくれました。恐らくそんな事態になっているのではないかと心配して、様子を見にきてくれたのだと思います。

ガタガタの家具を見るに見かねて、妹の夫は、キャビネットを解体し、最初から組み立て直してくれました！

そして一言。

「ねえ、必要なときは言ってよ。できることはするから！　っていうか、しーちゃん、たぶんできないから（笑）」と。

感謝しかありません。

「人に頼る」のは決してネガティブなことではない

私の苦手なことは、どこかで誰かが引き受けてくれているような気がします。

ラクに生きる方法は、そんなＳＯＳを出せる人、いつでも助けてくれる人との関係を築いておくことです。

その代わり、自分にできることは、お手伝いしましょう。私だったら、結婚する人たちに婚礼事情をお伝えしたり、マナーについて聞かれたら一緒に考えたり、スピーチの原稿作りのお手伝いをしたり……。

人間、持ちつ持たれつなのです。**できないことに時間をかけても良いことはありません。**勇気を出して、「誰か助けて～」とＳＯＳを送りましょう。この前助けてもらったから今度は私が助けるという、お互いのちょっとした助け合いの積み重ねが、良好な人間関係を生むのではないでしょうか。

LESSON 65

今の3倍、相手をヨイショ

「ヨイショする」というと、相手を持ち上げて見返りを期待するようなイメージがあるかもしれません。でも、ここでいうのは、単純に「相手を良い気分にしましょう」ということです。

ほめられていやな気分になる人はいません。時々、「その手には乗らないよ〜」というような態度に出る人もいるかもしれませんが、**そんな人もきっと、内心は喜んでいるはず**と私は思っています。

ヨイショするときには、大げさくらいがちょうど良いのです。その意味で、今の3倍です。

というのは、ほめ言葉というのは、**大げさに言って、やっと相手の心に響く**のだと思っています。ふつうに言ったら聞き流されてしまうこともあるでしょう。

また、大げさにヨイショすることで、その場にいる人をうまく巻き込むこともできます。「そうそう、○○さんは、本当に達筆よね〜」などと周りの人が同調してくれたら、相手の喜びは倍増するはずです。

そして、目上の方でも、後輩でも、同僚でも、家族でも、**ちょっとでも素敵だな〜と思うことを見つけたら、積極的に伝えていきましょう。**

「この人は気にかけてくれている」と印象づける

ちなみに、ヨイショは何にでもできます。出身地、学校、勤務先、人柄、身につけているもの。例えば、「風光明媚《ふうこうめいび》な○○市のご出身」、「私学の雄○○大学を卒業されている」、「○○業界を牽引するリーディングカンパニー○○にお勤め」……といった具合です。

身につけているものをヨイショする場合には、「素敵な時計ですね」だけでは、ちょっと物足りない。

「さすが、おしゃれな○○さん。素敵な時計ですね。とってもお似合いです」という感じに3倍、膨らませてみてはいかがでしょうか。

相手を気分良くさせることによって、さらに良好な人間関係を築いていけるはずです。

誰でも、自分のことを気にかけてくれている相手、見てくれている相手、言葉をかけてくれる相手に、悪い印象を持つことはありません。相手との距離が、確実に縮まることでしょう。

LESSON 66

モノの受け渡しは「両手」を使って

人に物を渡すとき、あなたはきちんと両手で渡していますか？　意外と意識していないとできないことです。

書類を渡すとき、資料を渡すとき、ノートを渡すとき、会議などでお弁当を渡すとき、お茶を渡すとき。両手で渡すことによって、とても丁寧な人である印象を与えることができます。そして、人として、軽率ではない、品格のある人だと思ってもらえるでしょう。

また、モノの受け渡しを両手でするのは、「あなたを大事に思っています」という態度の表れでもあります。

受け取った側は、丁寧に渡されたことで、自分にも丁寧に接してくれているという印象を受けるでしょう。少し大げさですが、相手に自己肯定感をプレゼントすることにもなると思うのです。片手でポイと渡されたのでは、丁重に接してもらったとはとても思えないでしょう。また、渡した相手のことを粗雑な人だと感じるでしょう。

この人は、自分のことを大事に扱ってくれると思うと、その人への印象はアップします。それが、人としての信頼や評価につながります。

書類を両手で渡すことは意識している方が多いかもしれませんが、名刺はいかがでしょう？

ビジネスライクな考え方ですと、今は、同時交換といって、片手で渡し、片手で受け取るのが主流です。しかし、名刺は、その人そのものを表すような大事なものです。本来は、両手で渡し、両手で受け取るべきだと私は考えます。

名刺を両手で扱うことによって、先述したように「あなたを大事に思っています」という思いが伝わります。

私がおつきあいのあるホテルスタッフや老舗百貨店にお勤めの方は、相手の名刺もご自分の名刺も、必ず両手で扱っていらっしゃいます。それが**とてもエレガント**

で、こちらまで「いい気分」にさせてもらえるようなさわやかさなのです。

相手への敬意が伝わり、お互いに清々しい気持ちになれます。

名刺交換をする機会があれば、ちょっと意識してみてください。あなた自身をエレガントに演出できることでしょう。

LESSON 67
「人に必要とされる」ことで、自己肯定感がアップする

私は、専門学校で講師をしていたことや、司会者の育成をしていることから、教え子や司会者や仕事関係の方から相談されることがあります。

相談されたら、私のことを信頼してくれているのだと思い、その気持ちに応えようと努力します。そして、相談するのもある意味、勇気がいることだと思うので、**相談とは、その人からのSOSだと受け止めることにしています**。ですから、仕事が重なっているときでも、なるべく早めに時間を作るようにします（アドバイスをするなどということはおこがましく、話を聞くだけでもその人の心の負担が軽くなればという思いです）。

私が、一番、相談されるのは、教え子からの転職に関しての相談です。「今の職場の環境に満足していないので、もう少し条件の良いところに転職したい」とか、「キャ

リアアップを目指し、転職したい」とか、理由はさまざまです。

一方、ホテル・ブライダル関連の企業とはお取引があるので、企業から、「スタッフが足りないので、良い人材はいないか」とか、「○○に関して経験のある人を探しているのですが……」など、人を紹介してほしいという相談を受けることが多いのです。

そこで、私は、タイミングが合えば、マッチング作業に入るわけです。この企業に彼女が合うのではないか。この企業なら彼女が希望していた職種に就くことができるのではないか。……といった具合です。実際にご紹介して、うまく行っているケースは何件もあります。教え子からも企業側からも喜んでいただけます。

私は単純に双方にとって状況が良くなればと思い、お手伝いをしているだけなのですが、結果として、人を助けることとなり、私の信頼にもつながります。そして、ありがたいことに、何かあると「鹿島に相談してみよう」と思っていただけるようになりました。

人を大切にして、人のために動くことで、人脈も広がり、信頼もついてきます。

そして、どんな形であれ、**自分の周りの人にとって、良い結果をもたらすことになると、自分自身も幸せな気持ちになります**。人に必要としてもらえるのは、自己肯定感が上がる、最高の「感情の整理術」なのです。

LESSON 68

「顔を合わせたコミュニケーション」も大切に

コロナ禍において、リモートワークが浸透し、私の生活でも、オンラインでの打ち合わせがかなり増えてきました。

オンラインで打ち合わせができるのは、本当に便利です。お互いにスケジュール調整がしやすいですし、移動時間も多いに短縮できます。

今、はやりの「タイパ（タイムパフォーマンス）」が良く、世間に喜んで受け入れられた理由がよくわかります。

私も、司会の仕事においては、新郎新婦とオンラインで打ち合わせすることがありますし、本の執筆の仕事においても、編集者とオンラインで打ち合わせすることはよくあります。どちらも大きな問題を感じたことはありません。

ただ、やはり対面で話す方が、安心する点はあります。

対面での打ち合わせは、相手の些細な表情や感情の変化を読み取ることができるため、相手が求めていることを汲《く》み取りやすいのです。また、多少、話をそらして雑談ができることも、対面の大きなメリットです。

やはり、対面のほうが、相手のことをより深く理解できるのではないでしょうか。**自分の気持ちや思っていることを、言葉だけで正確に相手に伝えるのは、実はかなり難しいこと**です。相手のちょっとした表情やしぐさから、感情や気持ちを汲み取るという作業を、私たちは意識せず自然にやっているのです。

「賛成です」と言いながらもちょっと不安げだったり、「了承します」と言いながらも顔がくもっていたり。その微妙な反応は、やはり対面でお話しするからこそ、敏感にキャッチできるのです。

私自身は、どちらかというと、対面での話し合いを重視しています。そして、先方（取引先や編集者など）も、「オンラインでの打ち合わせ可能ですが、久しぶりなので、ぜひ鹿島さんとお会いしてお話ししたいです」と言ってくださる方が多いです。ありがたいことだと感謝しています。

人は「感情の生き物」だからこそ

話は変わりますが、今年、私は45年ぶりに幼稚園・小学校と一緒だった幼なじみと再会することができました。彼女が、小学校卒業と同時に転居したために、その後、お互いに連絡を取ることができず、長い長いご無沙汰だったのです。

それが、４年前にふとしたことから、同級生を通じて、ようやく連絡を取ることができ、ついに再会を果たすことができました。

嬉しいことに、小学校時代の私たちの担任の先生、私たちにとって一番思い出に残っている大好きな先生と一緒に、３人で会うことができました。

顔を合わせたら、一瞬にして心が通い合い、最高の再会になりました。ラインでやりとりしていたものの、やはり、実際に会うのは格別でした。

顔を合わせるコミュニケーションの大事さを感じました。

タイパ重視の時代、便利なものはどんどん取り入れてみるのが良いと思います。

しかしながら、**感情の生き物である人との関係においては、お互いの感情を読み取りながらやりとりする、顔を合わせたコミュニケーションを大事にしていきたい**と思っています。

そして、多少時間はかかりますが、「あの人に会いたい」と思ってもらえる関係が築けたら、素敵だと思います。

LESSON 69

笑顔で会って、笑顔で別れる

私が心がけているのは、人と会うときには、特に、最初と最後、必ず笑顔でいることです。

私は、幼少の頃、母から、「あなたの笑顔は最高だから、いつも笑っていらっしゃい」と言われたものです。逆に、「あなたの仏頂面は見られたものじゃない」とも言われました。幼い子に、ずいぶんはっきりものをいう母ですよね。とても優しい母でしたが、物事の本質を見抜いていて、子どものためになると思うことは、ズバッと指摘し、導いてくれました。

私は、その言葉のおかげで、いつも笑顔でいることを心がけて来ました。笑顔でいると、周りの人が、「しのぶちゃんは、いつも笑顔で、かわいいわね」とか、「いつもニコニコしていておりこうさん」とほめてくれます。お友達も集まってきます。

笑顔の効果は絶大だと、子供心に感じていました（もともと人が好きなので、単純に人に会うと嬉しい気持ちになる、というのも正直なところです）。

笑顔でいることは、人の気持ちを明るくすると確信しています。そして、人は笑顔につられて、笑顔になることがよくあります。

そう、**笑顔は伝染する**のです。

久しぶりに会う友人、毎日会う職場の人。こちらが笑顔で接したら、きっと素敵な笑顔を返してくれることでしょう。お互いに明るい気持ちになれます。

そして、別れ際。何が起こるかわからない時代です。会って話して、多少議論したり、口論になったりしても、別れ際には、笑顔でいたいものです。

笑顔で別れたら、お互いに「また会いたい」という気持ちになるのではないでしょうか。

いつもごきげんで感情《かんじょう》の整理《せいり》がうまい人《ひと》

著者　鹿島《かしま》しのぶ

二〇二四年一二月一五日第一刷発行

発行者　佐藤 靖
発行所　大和《だいわ》書房
東京都文京区関口一－三三－四　〒一一二－〇〇一四
電話　〇三－三二〇三－四五一一

フォーマットデザイン　鈴木成一デザイン室
本文デザイン　山田和寛＋竹尾天輝子(nipponia)
本文印刷　光邦
カバー印刷　山一印刷
製本　小泉製本

ISBN978-4-479-32112-5
乱丁本・落丁本はお取り替えいたします。
https://www.daiwashobo.co.jp

だいわ文庫

鹿島しのぶ（かしま・しのぶ）

白百合女子大学文学部英語英文学科卒業後、会社員を経てプロの司会者として活動を開始。現在、㈱総合会話術仟言《せんげん》流代表取締役として、プロ司会者の育成にも力を注いでいる。また、駿台トラベル＆ホテル専門学校にてブライダル学科長を務め、14年間にわたり、ブライダル関連、接遇会話、ビジネスマナーの授業を担当。ホテル・ブライダル業界に数多くの人材を輩出した。細やかな気くばりで相手の心をつかむ接遇、話し方の指導には定評があり、著作累計は25万部を超える。

著書に『さりげない「気のつかい方」がうまい人50のルール』『すてきな大人の言い換え手帳』（以上、だいわ文庫）のほか、『小さな感謝』『「また会いたい」と思われる人』『「品がいい」と言われる人』（以上、三笠書房）、『品格を磨く所作』（宝島社）などがある。

本作品は当文庫のための書き下ろしです。